Fertig Feuerbach!

Richard Kallee (1854–1933).

Heinz Krämer

Fertig Feuerbach!

Richard Kallee

Pfarrer und Geschichtsforscher

DRW-Verlag

Meiner Sigrid in Dankbarkeit

Autor und Verlag danken dem Bezirksbeirat Feuerbach sowie
dem Gewerbeund Handelsverein Feuerbach
für die großzügige Unterstützung bei der Herausgabe dieses Werkes.

ISBN 3-87181-016-9

Produktion: Verlagsbüro Wais & Partner, Stuttgart
Titelgestaltung unter Verwendung eines Gemäldes von Richard Albrecht
Zeichnung für das Widmungsblatt: Antje Katharina Hieber, geb. Krämer
Gesamtherstellung: Karl Weinbrenner & Söhne GmbH & Co. KG,
Leinfelden-Echterdingen

Bestellnummer: 016

INHALT

„Das vergangene Leben hat einen Anspruch darauf, vor restloser Vergessenheit bewahrt zu werden. Warum? Weil wir ihm alle nötigen Erfahrungen verdanken, auch die bedeutendste: Vergänglichkeit."

SIEGFRIED LENZ, „HEIMATMUSEUM" (1978)

Unser Feuerbacher Pfarrer und Geschichtsforscher Richard Kallee (gest. 1933), Schöpfer des Feuerbacher Heimatmuseums, konnte das Buch „Heimatmuseum" von Siegfried Lenz noch nicht kennen. Gleichwohl hat ihm dieser Große der deutschen Literatur unserer Zeit aus der Seele gesprochen – wie auch seinem Vater, dem General Eduard von Kallee, der sein Lebenswerk beschloss mit der Begründung der römischen Limesforschung in unserem Lande.

Geleitwort

Am 18. Dezember 2004 jährt sich zum 150. Mal der Geburtstag des kunstsinnigen und gelehrten Pfarrers Richard Kallee, der als Stadtpfarrer von Feuerbach in den Jahren 1896 bis 1923 und als Mitbegründer des dortigen Heimatmuseums wichtige Spuren hier hinterlassen hat. Weit über Feuerbach hinaus bedeutsam sind seine Ausgrabungen vor allem zur alamannischen Epoche, die der Frühhistoriker Dr. Oskar Paret 1937 als das „Kernstück der frühschwäbischen Gräberfelder von Groß-Stuttgart" bezeichnete.

Dieses Wirken ist auch bedeutend, weil Stuttgart durch die Zerstörungen im Zweiten Weltkrieg und die Aufbauphase heute, so Dr. Oliver Auge bei seinem Festvortrag „775 Jahre Stuttgart", eine „archäologische Wüste" darstellt. Kallee verdient eine Würdigung umso mehr, als mit dem Kernstück seines historischen Lebenswerks, dem Feuerbacher Heimatmuseum, nach der Eingemeindung 1933 unter nationalsozialistischem Zwang nicht angemessen berücksichtigt umgegangen wurde.

Ich gratuliere meinem ehemaligen Kollegen im Staatsministerium, Dr. Heinz Krämer, einem Kenner der Stadt- und Landesgeschichte, dass er eine bedeutende Persönlichkeit unserer Stadtgeschichte und insbesondere der Feuerbacher Geschichte auf lebendige Weise in Erinnerung gerufen hat. Dem ansprechenden Band wünsche ich eine gute Aufnahme – nicht nur in Feuerbach, sondern in der ganzen Stadt und der Region.

Juli 2004 Dr. Wolfgang Schuster

Vorwort – Erklärung des Titels

„Fertig, Feuerbach! – hieß es, nachdem im September 1846 der Pragtunnel durchschlagen und am folgenden 15. Oktober der erste Zug, reich bekränzt, von Stuttgart nach Ludwigsburg abgelassen wurde.“

So steht es in der „Geschichte von Feuerbach“ des Hofrats Dr. Oswald Hesse, Direktor der vormals Jobstschen Fabrik in Feuerbach (die in deutschen Landen führend war in der Herstellung von Chinin). „Fertig, Feuerbach!“ wurde in der Folge ein im Wortsinn „landläufiges“ Zitat, dem jungen Stuttgarter Richard Kallee wohl bekannt. Der Gymnasiast humanistischer Schule nannte es, Homer folgend, ein „geflügeltes Wort“, das er lebenslang gern bei passender Gelegenheit im Munde führte. Zumindest im Königreich Württemberg, bei der „Königlich-Württ. Staatseisenbahn“ (im Volksmund „Komm Weib steig' ei'“), wurde der Abruf des Bahnhofsvorstehers ein von vielen in der Umgangssprache benutzter Ausdruck. Er signalisiert mit erfrischend-energischer Resolutheit, langwierige Diskussionen und Debatten entscheidungsfreudig abzuschließen.

Die – in unserer Zeit – unmerklich in Vergessenheit geratene Sprachform war nicht so schroff wie z.B. „Ab nach Kassel“, das schon in der Zeit der unseligen Soldatenverkäufe in die Neue Welt aufgekommen war. Gleichwohl geht die Bedeutung in diese Richtung.

Richard Kallee, als Mann der Tat, mochte und gebrauchte gern die praktische Redewendung. Als er 1896 noch Pfarrer in Hohenlohe-Öhringen war, bedeutete „Fertig, Feuerbach“den Aufbruch zu neuen Ufern, nachdem er sich entschieden hatte, die Pfarrei im Dorfe Feuerbach zu übernehmen.

Bei der Stadterhebungsfeier 1907 widmete das große Stuttgarter Neue Tagblatt (heute Stuttgarter Zeitung) der jungen Stadt Feuerbach ein Festgedicht, worin es heißt:

„Du bist nicht bloß im Schwabenland,
Bist in der ganzen Welt bekannt.
Es spricht von deiner Industrie
Der Yankee selbst mit Sympathie.
Auch tönt dein Name immerfort
Weithin als ein geflügelt Wort.
Rings auf der Erde tausendfach
Erklingt es: Fertig Feuerbach!"

Bei dieser Stadtfeier wie bei der Eröffnung der Straßenbahn nach Weilimdorf prangten die beiden Worte riesengroß an den Ehrenpforten. Selbstbewußt führten sie die Feuerbacher im Munde, waren sie doch Ausdruck der Vollendung einer gelungenen Tat (Reinhard Heinz).

Das geflügelte Wort, das die Menschen einst in der Tat beflügelte, erschien zum letzten Mal schriftlich in den dunklen Stunden der galoppierenden Inflation 1923, mit der die Reichsnotenpresse nicht mehr Schritt halten konnte: als Aufdruck auf dem Feuerbacher Notgeld. Auf den Milliardenscheinen, die am nächsten Tag nach dem neuen Dollar-Kurs kein Stück Brot mehr wert waren, stand zu lesen – makaber und rührend entschuldigend zugleich:

„Wir machens brav den andern nach – Fertig Feuerbach!"

So in der Chronik Feuerbach, Jahrgang 1923, verzeichnet. In diesem finsteren Epochejahr schied der kranke Richard Kallee mit 68 Jahren aus seinem Amt als Erster Stadtpfarrer von Feuerbach.

Zum Inhalt dieses Buches

Woher hat der ein Jahr nach Ablauf der Amtszeit Kallees in Feuerbach geborene Autor sein Wissen vom Leben und Wirken des Ersten Stadtpfarrers seiner Heimatgemeinde?

Aus Richard Kallees Briefen und Veröffentlichungen, aus archivalischen Überlieferungen, Schriftstücken in seiner Feuerbacher Kirche. Vieles zusammen genommen ist das „strukturierende Element", auf das sich die Biographie stützt. In den Archiven gefunden, kommen viele Dokumente zum ersten Mal ans Licht und erhellen Richard Kallees erfülltes Leben: In der Altregistratur des Personalarchivs beim Oberkirchenrat in Stuttgart, im Hauptstaatsarchiv des Landes Baden-Württemberg, besonders was den Vater, General Eduard von Kallee und seine Familie betrifft, im Staatsarchiv Ludwigsburg und Kirchenbuch der Garnisonskirche, im Archiv der Studentenverbindung Königsgesellschaft (Roigel) in Tübingen.

Die Leserinnen und Leser mögen die Freude der Entdeckung an bisher unveröffentlichten Funden miterleben, die der Autor nicht erwartete. Zumindest nicht, bevor er sich auf das Unternehmen „Kallee" einließ. Die Briefe – von der „heute noch blühenden Familie Kallee", wie sie Decker-Hauff nannte, freundlich zur Verfügung gestellt – sind in der gut lesbaren Handschrift Kallees säuberlich, „manu propria" (eigenhändig) geschrieben, wie der beflissene Lateiner Richard Kallee zu sagen pflegte, der die römische Form gerne und nicht ganz ohne Selbstgefälligkeit verwendete. Sie sind immer adressatenbezogen und oft selbstironisch-humorvoll.

Am Ende seines Lebens – er stirbt am 15. Juli 1933 –, am Vorabend der „Machtergreifung", schreibt er an seinen Bruder äußerst sorgenvoll – und voll seherischer Kraft.

Prolog in Feuerbach

„Die Feuerbacher hatten einmal einen Pfarrer, der war ein gelehrtes Haus. Er saß gerne hinter dicken Büchern und suchte aus ihnen heraus, was in alten und uralten Zeiten einmal Wichtiges bei uns geschah, und was für Leute bei uns da herum lebten, und wie sie ihr Leben führten.

Das, was er mühsam zusammengeklaubt und kraft seines Spürsinns ergänzt und geformt hatte, das brachte er dann in neuzeitliches, jedermann verständliches Deutsch und setzte es seinen Gemeinde- und Volksgenossen vor, die daran eine Freude hatten. Aber nicht nur in Büchern forschte der regsame Herr, nein, er grubelte auch fleißig im Boden herum und entdeckte dabei nicht weniger als ein ganzes Gräberfeld der Alamannen, was zu der Erkenntnis führte, daß dieser kraftvolle Volksstamm einst hier gehaust, und daß die Alamannen mithin die Vorfahren der grundechten Feuerbacher gewesen sind."

Mit diesem Zitat unseres feinsinnigen einstigen Studiendirektors Eugen Geiger aus seinem Buch „Was in Feuerbach die Amseln pfeifen" (Stuttgart-Feuerbach 1936) möchte ich dieses Büchlein über den langjährigen Ersten Stadtpfarrer in Feuerbach einleiten. Eugen Geiger, der Feuerbacher Schul-Meister in des Wortes ureigenster Bedeutung, Zeitzeuge und Freund Richard Kallees, fasst das Lebenswerk Kallees abseits der Kanzel treffend zusammen:

„Seine Entdeckung gab dem Herrn Pfarrer Gelegenheit, eine reichhaltige Sammlung von Schädeln und Skeletten der im Gräberfeld gefundenen Alamannen anzulegen und sie mit den Gegenständen auszuschmücken, die sich als Beigaben der Toten in den Gräbern fanden. In diese Sammlung hinein reihte er auch alles das, was er sonst noch an historisch, volkskundlich oder naturwissenschaftlich wichtigen Dingen erlangen konnte.

So geben uns ihre Fundstücke Beweise dafür, daß einst Elefanten im Seeweg drunten spazieren gegangen sind – wenn das auch lange, lange her ist." Für die Kinder unserer Zeit sei erklärt: der „Seeweg" war die Gegend, wo heute im „Mercedes-Forum" die stolzen Produkte von Daimler-Chrysler zu bewundern sind.

Von den ersten drei Jahrhunderten unserer Zeitrechnung wissen wir, daß die Gegend um das heutige Stuttgart am nordöstlichen Ende des beherrschenden Römischen Reiches lag, als „ein entfernter Grenzstreifen am Rande der bewohnten Welt" (Hansmartin Decker-Hauff). Richard Kallee hat bildhaft gemacht, wie die Römer wenigstens „ins Feuerbachtal hineingeguckt haben". Das war damals noch kein Wirtshaus beziehungsweise „taverna", sondern das unberührt idyllische Tal, das wir uns – nach dem Lied „Im schönsten Wiesengrunde" – heute noch sehr wohl vorstellen können. Das Flüßchen hatte keinen lateinischen Namen, und gebaut wurde noch nicht, wenn wir von der friedlichen Aufbauzwecken dienenden römischen Ziegelei nahe der Ortsgrenze zum Weiler Botnang absehen.

Die Legionäre hatten sich kriegsstark in Canstada niedergelassen und im Gewann, das lange noch die „Altenburg" hieß, ein Großkastell errichtet. Wir Heutigen finden uns mit dem geographischen Begriff „Hallschlag" vielleicht besser zurecht. Die dort untergebrachten – aus Persien stammenden – römischen Panzerreiter haben wohl auf dem Wasen ihre Angriffe exerziert.

Für den Historiker ist es heute noch ein Alptraum: die Stadt Stuttgart, 1905 schon mit Cannstatt vereinigt, wies 1908 das Gelände des historischen Kastells als Bauland aus – für eine Reiterkaserne! Decker-Hauff sprach von einer „Ironie des Schicksals" und hat nachempfunden, was Richard Kallee – seit 1896 in Feuerbach Pfarrer – gelitten haben muß. Sein Vater, Eduard von Kallee, hatte ja als pensionierter General die Grundlagen der römischen Limes-Forschung in Deutschland aufgebaut. „Stuttgart könnte heute die einzige deutsche Großstadt sein, die ein vollständiges und wohlerhaltenes römisches Kastell inmitten ihres Stadtgebietes aufweisen könnte. Aber die Chance wurde vertan. Ausgerechnet wieder eine Reiterkaserne dort, wo 1800 Jahre zuvor die schweren römischen Panzerreiter stationiert waren.

An Baugelände hat es damals nicht gemangelt; der interessante Platz ging zugrunde. Einmal mehr ist Stuttgart um ein wichtiges Bauwerk seiner Geschichte ärmer geworden." So unser unvergessener Landeshistoriker Hansmartin Decker-Hauff, der selbst einem württembergischen Pfarrhaus entstammte.

Als Ironie des Schicksals könnte in diesem Zusammenhang auch gelten: In der „Reiterkaserne", an der Stelle des Kastells der römischen Panzerreiter, ging in den zwanziger Jahren des 20. Jahrhunderts der Reichswehr-Hauptmann Erwin Rommel um mit den Ideen zu seinem Buch „Infanterie greift an". Bereits beschäftigte ihn die Panzertaktik der Moderne, mit der er – nicht ohne Bezug zu Rom – als Generalfeldmarschall in Nordafrika später Militärgeschichte schreiben sollte.

Zurück ins beschauliche Feuerbach, wo wir von Eugen Geiger allerlei über die Feuerbacher in alter Zeit erfuhren, „auch daß diese ein gesundes, rühriges und arbeitsames Geschlecht waren, dem der Humor nicht fremd gewesen ist, was sich aus einem alten Dachziegel eines Feuerbacher Hauses ersehen läßt, auf den ein Spaßvogel von Ziegelknecht – Abkömmling eines römischen „Zieglers"? – den Vers geschrieben haben soll:

„Die Mädchen hat der Herr erschaffen
Für Ziegelknecht und nicht für Pfaffen."

Durchaus denkbar, daß der kecke Vers auf einer der honorigen Mittwochs-Gesellschaften im Feuerbacher Bahnhotel oder in der „Rose" gefallen ist, und sehr wahrscheinlich ist es auch, daß in diesem illustren Kreise Richard Kallee sich revanchierte mit seiner Geschichte der Entdeckung der keltischen Fliehburg auf dem Feuerbacher Lemberg in unmittelbarer Nähe des Horns.

Wir verdanken sie auch der einfühlsamen Aufzeichnung des Studiendirektors, der stilsicher den Ton bescheidener Untertreibung traf, mit dem der elegante Kanzelredner Kallee seine Story zu einem Leckerbissen werden ließ: „Also, daß ich es recht sage: der Anspruch, an dieser denkwürdigen Stelle zuerst gegraben zu haben, gebührt nicht dem Herrn Pfarrer, sondern seinem Dackel, dem Walle. Dieser entfernte sich nämlich unerlaubter Weise von der Seite seines Herrn und scharrte so heftig und eifrig, daß er den Pfiff und den Ruf seines um ihn wegen des gestrengen Försters besorgten Herrn überhörte, so daß dieser sich durch Gebüsch und Unterholz hindurcharbeiten mußte, um den Dackel auf den Weg der Ordnung zu holen. Doch machte er große Augen, als er sah, was sein Dackel beim Scharren zu Tage gefördert hatte: Scherben und andere Reste, daraus der Kundige erkennen konnte, daß hier einst Menschen gehaust hatten, und daraus man auch schließen konnte auf die weit, weit zurückliegende Zeit, in der dies der Fall war."

Zur chronologischen Feinabstimmung sei angemerkt, daß dies ein gutes halbes Jahrtausend vor Christi Geburt war, als die Kelten, noch bevor sie von den Germanen aus unserer Gegend vertrieben wurden, sich auf dem Horn eine Fliehburg gebaut hatten, in einer aus der Hallstattzeit in Resten vorhandenen Anlage.

Der Erfolg aber, den des pfarrherrlichen Dackels konsequenter Forschungsdrang zu verzeichnen hatte, riß den Humanisten Richard Kallee zu einer homerischen Hymne in Hexameterhöhen, mit gekonntem Stabreim, nach der Dichterschule des Tübinger Stifts:

„Heil dir, herrliches Hundsvieh, welchem die Götter gegeben
Das, was die Erde verbarg, lachendem Lichte zu leihn!
Heil mir, dem es vergönnt, der Wissenschaft Dienste zu leisten!
Heil dir, mein Feuerbach, Heil! Heldische Ahnen sind dein!"

Mein verehrter Freund, der Kunstmaler Richard Albrecht, dem Feuerbach künstlerisch wie literarisch viel verdankt, war bei einigen der frühgeschichtlichen Ausgrabungen Kallees mit von der Partie. Er berichtet in seinem Buch „Feuerbach ond ebbes Feuerbächer", mit welcher Sorgfalt die Funde in den alamannischen Gräbern sichergestellt wurden: Totenköpfe und Gebeine, Münzen, Tonscherben, Kämme, Halsbänder, Gürtelschlösser, Schwerter, Lanzen, Pfeile und Sporen. Zeitliche Einordnung: 7. Jahrhundert unserer Zeitrechnung.

Aus über 100 Alamannengräbern – links und rechts der damaligen Rosenstraße, dem oberen Teil der Stuttgarter Straße heute – wurden im ganzen 760 Gegenstände geborgen. Interpretierend fügte Richard Albrecht hinzu: „Ein großer Teil der alteingesessenen Familien in Feuerbach stammt direkt von den Alamannen ab."

An seinem Pfarrer Kallee rühmt er dessen respektheischende Profiliertheit und eine in Feuerbach auffallende Weltläufigkeit in der Eßkultur: „Von den Spargeln aß er nur die Spitzen"! Als Wengerter auf der „Haward" (Hohewart) schätzte Richard Albrecht den Weinverstand des geistlichen Herrn, er war „am Honoratiorentisch der Mittwochsgesellschaft ein würdevoller Vertreter seines Standes". In der honorigen Mittwochsgesellschaft hatten bereits Geschäftswelt und Pioniere der aufstrebenden Feuerbacher Industrie Einzug gehalten. Dort, wo die homerischen Hexameter vom „Hundsvieh" ihre Premiere gehabt haben mögen, war noch unbewußt etwas lebendig, das auf die zahlreichen Besuche des deutschen Volksdichters Ludwig Uhland im Feuerbacher Pfarrhaus zu Beginn des 19. Jahrhunderts zurückging, und auf die Poesie, die der junge Uhland im Pfarrgarten, im Wald und auf der Feuerbacher Heide, erdacht hat.

Hundert Jahre nach Uhland, als Richard Kallee und seine Familie im Pfarrhaus wohnten, weilte ein Dichterfreund Hermann Hesses in Feuerbach: Ludwig Finckh aus Reutlingen, einer vom Schlage Ludwig Uhlands; auch er Tübinger Jurist mit literarischer Begabung, liebenswürdig und bescheiden. Zu Gast war er bei meinem Onkel Karl Schneider, Stadtrat und Fabrikant, der die „Schneider-Kanne" kreierte, und mit Hermann Hesse verwandt war. Schriftlich überliefert jedoch ist ein Eintrag in das Gästebuch des Feuerbacher Fabrikanten-Kollegen Konrad Model, mit dem ich den „Prolog in Feuerbach" beschließen möchte:

„Vergangenheit, Kunst und Natur
gruben sich eine heimliche Spur.
Man sieht es nicht, wenn man nur schleckt,
Was hinter dem alten Feuerbach steckt."

Die Eltern Eduard und Malwine in der Pfarrhaus-Idylle von Buoch

Meine kleine Geschichte aus der Brautzeit von Richard Kallees Eltern verdanke ich einem Spaziergang über dem Remstal mit meinem Historikerfreund Karl Apel, dem Autor der Dorfgeschichte von Buoch.

Malwine Majer entstammte einer Familie der württembergischen „Ehrbarkeit": der Vater war Oberst und Regimentskommandeur, die Tochter war für damalige Begriffe modern und im Pfarrhaus von Buoch als Gouvernante tätig. Das muß in der Tat eine Familie in komfortablen Verhältnissen gewesen sein, bekannt im Ländle war die Pfarrei als „reiche Pfründe", aber auch für ihre Gott und den Menschen gefällige Gastfreundschaft und Großzügigkeit.

Der Buocher Pfarrhof war das größte landwirtschaftliche Anwesen in der Gemeinde. Darüber hinaus weiß Karl Apel zu berichten, daß die Bareinkünfte von Pfarrer Johann Maximilian Reinfelder jr. aus seinem Kirchsprengel doppelt so hoch waren wie die des Waiblinger Dekans. Der als „herzensgut" bezeichnete Pfarrherr, bei dem der Vergleich mit dem legendären „Vicar of Wakefield" der englischen Literatur naheliegt, und seine literarisch begabte Frau machten aus ihrem Haus einen kleinen Musenhof.

Der romantische Dichter Nikolaus Lenau und Hermann Kurz, der in Buoch „Schillers Heimatjahre" vollendete, sowie Rudolf Auerbach mit seinen „Schwarzwälder Dorfgeschichten" seien von den Gästen der schreibenden Zunft genannt.

In der Verlobungszeit von „Fräulein Malwine" kam alle 14 Tage ein fescher Leutnant aus Ludwigsburg: Eduard von Kallee, dessen Besuch unter den Berühmtheiten das meiste Aufsehen erregt hat –

Zeichnungen von Eduard von Kallee, seine damalige Verlobte Malwine und die Ortschaft Buoch darstellend, um das Jahr 1860.

zumindest bei den Kindern. Wohl aus Gründen der „Pietät" war er den jungen Mädchen als Vetter von Fräulein Malwine deklariert worden. Als die Kinder dann mehr erfuhren, fieberten sie gemeinsam mit Malwine dem schnellen Reiter in der schmucken Generalstabsuniform entgegen. Generalstab – das klang ja nach etwas Besonderem, was, in damaliger Zeit, nicht nur die Herzen der Mädchen beflügelte. Alle Hausgenossen – das waren außer den Pfarrersleuten – ein Vikar, Knecht und Magd, die stickende Hausjungfer, freuten sich an den Präsenten, die er Fräulein Malwine mitbrachte: ein kleines Aquarell oder eine flotte Zeichnung aus seiner Feder „Und malen konnte er!" – Eines der seinerzeitigen Kinder hat 1901 davon geschrieben (Buocher Hefte, Nr. 4, 1986).

Die malerische Strecke südwestlich von Ludwigsburg, von der Leopold Mozart einst schrieb: „Ich muß sagen, daß Württemberg einfach schön ist – Gärten, Wiesen, Felder, Wasser. Und alles auf das beste gemischet" – Leutnant Eduard von Kallee kann davon ein Lied singen, auf seine Art. Er ist von Sehnsucht beflügelt und kommt in Rekordzeit über dem Remstal an, viel schneller als die holpernde Reisekutsche in der Zeit Mozarts. Der Sohn Richard Kallee gibt 1921 die Erinnerungen und Erlebnisse des Generals Eduard von Kallee, „Ein königliches Geschenk", heraus, worin er in Kapitel 18 beschreibt, wie elegant dieser seine Wochenendreisen gestaltete.

„Am 27. September, am Geburtstagsfest des Königs, widerfuhr mir eine große Freude. Ich erhielt ein Dekret, worin ich endgültig in den Generalstab versetzt wurde. Nun hatte der König alle meine Wünsche erfüllt ... Noch am selben Tag erschien einer der Kammerdiener des Königs. Unten stand ein Reitknecht und hielt ein Pferd am Zügel. Es war ein prachtvoller fünfjähriger Kohlfuchs aus dem königlichen Marstall. ‚Herr Leutnant', sagte der Kammerdiener, ‚ich habe den Auftrag von Sr. Majestät, Ihnen dieses Geschenk zu über-

Der Kohlfuchs, ein königliches Geschenk für den Leutnant von Kallee. Ein Reiterleben lang war das exzellente Tier der treue Freund und Begleiter des Offiziers. Es wurde 28 Jahre alt und war der Liebling der Kallee-Kinder.

geben.' Sprachlos sah ich den Mann an, es schien mir ein Traum zu sein. Endlich brachte ich heraus: ‚Das ist ja ein wundervolles Tier.' – ‚Jawohl, Herr Leutnant, ein Wallach aus dem Gestüt. Der König hat das Pferd selbst für Sie ausgewählt. Seine Majestät lassen Ihnen sagen, Sie sollen auch das Pistolenhalfter untersuchen.'

Ich fand darin zwei gezogene Pistolen, französischer Provenienz, das Beste, was es damals gab. ‚Herr Leutnant müssen noch tiefer greifen', sagte mit ernster Miene der Kammerdiener. Nun zog ich noch eine Geldrolle heraus, die ganz unten gesteckt hatte. ‚So, jetzt ist mein Auftrag erfüllt. Ich gratuliere dem Herrn Leutnant. Seine Majestät lassen noch sagen, der Herr Leutnant möge kein Aufhebens von der Sache machen.' Auf Stube zurückgekehrt, öffnete ich natürlich die Geldrolle. Sie war vom König selbst überschrieben:

„Zur Equipierung" und enthielt 175 funkelnagelneue württembergische Dukaten, das sind tausend Gulden. Als ich mich bei König Wilhelm bedankte, winkte er ab: ‚Schon gut! Ich weiß, der Kohlfuchs ist gut bei Ihnen aufgehoben!' Das Pferd hielt sich ausgezeichnet, viele Jahre, es erreichte auch ein hohes Alter, 28 Jahre. So oft mich der König sah, bei Manövern oder Paraden oder sonst im Dienst zu Pferde, erkundigte er sich nach ihm und freute sich, daß der Kohlfuchs ‚immer noch ging'."

Malwine hat ihren Eduard bekommen! Erst wohnte die junge Familie in Ludwigsburg, dem „schwäbischen Potsdam", wo Richard am 18. Dezember 1854 geboren wurde, dann in der „lieben Stadt Stuttgart", Gartenstraße 11. Sie heißt heute Fritz-Elsas-Straße. Als die Familie von Kallee dort wohnte, war um das weitläufige Haus noch „viel Grünes lebendig". So der feinsinnige Literat und Kenner der Stuttgarter Straßen, Hermann Lenz, der am Weißenhof wohnte und ein großer Wanderer war zwischen Stuttgart und Feuerbach.

Aus der Stuttgarter Kindheit

Machen wir einen Gedankensprung über 65 Jahre: Im August 1922 hatte der Staatsanzeiger für Württemberg eine „Besondere Beilage". Richard Kallee blickt darin zurück auf das Stuttgart seiner Kindheit, unter der Überschrift: „Aus dem alten Württemberg". Wir schauen darin mit Richard Kallees Augen zurück auf Stuttgart vor mehr als 140 Jahren.

Der Erste Stadtpfarrer in Feuerbach ist 68 Jahre alt, im letzten Jahr seines aktiven Dienstes in der Stadtkirche, als er seine Erinnerungen dem Staatsanzeiger zur Veröffentlichung anvertraut. Der Ton ist wohlwollend gegenüber der eigenen Kindheit, mit leisem Humor wo angebracht, und voll von respektvoller Sympathie gegenüber der Umgebung und den Institutionen, die diese Stuttgarter Kindheit prägten.

Seine Erinnerung reicht zurück an den 27. September des Jahres 1857. Auf dem Arm der Mutter erlebt der Dreijährige ein grandioses Ereignis: das Feuerwerk zum Geburtstag des Königs auf dem Cannstatter Wasen. Seine Majestät habe daran gedacht, daß das Feuerwerk den Kindern der Herren seiner Umgebung Freude machen werde.

So oder ähnlich hatte Mutter Malwine den vier Kindern – Richard hatte drei ältere Geschwister – das „Ereignis" erklärt, als die „Einladung Seiner Majestät des Königs in das Schloß Rosenstein" in der Gartenstraße 11 für Furore gesorgt hatte. Das Fest sei der Abschluß des Cannstatter Volksfestes zum Geburtstag des Königs. „So ist denn meine früheste Kindheitserinnerung die Erinnerung an die Güte unseres alten Königs Wilhelm I., dessen treuer und ergebener Diener mein Vater war."

Das Cannstatter Volksfest ist die ureigenste Schöpfung König Wilhelms und seiner fürsorglichen russischen Frau Katharina Pawlowna, gestiftet 1818 zur „Aufmunterung des verzweifelten Landmannes" nach der napoleonischen Zeit von Krieg, Not und Mißernten. Das Fest des Jahres 1857 war ein ganz besonderes. Es umrahmte ein politisch-militärisches Großereignis: ein Drei-Kaisertreffen.

Der Krimkrieg war überstanden. Der darin neutral gebliebene württembergische König, als einziger Heerführer unter den deutschen Fürsten in den napoleonischen Kriegen, stellte sich der Herausforderung, die Repräsentanten der Kriegsparteien an einen Tisch zu bitten. Daß diese seine Verwandten, also „Vettern" von ihm waren, Zar Alexander II. und Kaiser Napoleon III., begünstigte die Begegnung: die Aussöhnung gelang. Dabei sollte eine Verminderung der stehenden Heere vereinbart werden – eine „Abrüstungskonferenz auf höchster Ebene", wie solche löblichen Versuche später genannt wurden.

Zurück zum Fest im Schloß Rosenstein. Wie wir hörten, durften die Kinder und deren Mütter das feurige und geräuschvolle Schauspiel von einem erhabenen Platz beim Rosengarten des Schlosses betrachten. „Drin im Saal war das Festmahl zu Ende. Ein Mann trat heraus in den Lichtschein – ‚Der König!' flüsterte die Mutter ... Plötzlich ein Feuermeer ...

Unser „Gewährsmann", der kleine Richard Kallee, muß sehr genau beobachtet haben, denn er erinnert sich: „Zuletzt hoch in der Luft ein Gebilde von Flammen, das ich nicht verstand, denn das waren riesenhafte Buchstaben: ein W mit der Königskrone darüber in der Mitte, und rechts und links davon ein großes A und ein großes N mit Kaiserkronen. Inzwischen waren auch des Königs Gäste, darunter unser Vater, in ihren glänzenden Uniformen, aus dem Saal getreten."

Das Löwentor zum Schloss Rosenstein.

Der Vater also, Eduard von Kallee, gehörte als Stabsoffizier zur näheren Umgebung des Königs. Er muß damals vor der Beförderung zum General gestanden haben. Der Grund für die Bilderbuch-Karriere war, neben herausragender persönlicher Tüchtigkeit, die offensichtliche – vielfach bezeugte – Auszeichnung, ja Bevorzugung durch Wilhelm I. Sie war ungewöhnlich genug für den Sohn des Ludwigsburger Hofgärtners. Die Hofgesellschaft ahnte etwas oder wußte es: Eduard von Kallee war der natürliche Sohn des Königs mit der sympathischen Frau des Gärtners von Königinwitwe Mathilde, die im Schloß Ludwigsburg residierte. Der spätere Pfarrer Richard Kallee, also der Enkel des Begabtesten der vier Könige, die Württemberg hatte, schweigt dazu in nüchterner und pietätvoller Diskretion. Hansmartin Decker-Hauff bekannte sich in seiner Fernsehserie beim Süddeutschen Rundfunk Stuttgart, „Frauen im Hause Württemberg", offen zur Elternschaft König Wilhelms I. und der Frau des Hofgärtners im Dienste der Königinwitwe Charlotte Auguste Mathilde geborene Prinzessin von Großbritannien.

Hansmartin Decker-Hauff schreibt: „Der hochbegabte, illegitime Sohn ihres Stiefsohnes – also gewissermaßen ein Stief-Stief-Enkel, wenn man so will – der Sohn des Königs Wilhelm und der schönen Hofgärtnersfrau Kallee, dieses auffallend schöne Kind ist von ihr verwöhnt und aufgezogen worden. Und dann hat sie im Umkreis ihres Hofes und anderer Familien sehr enge Kontakte gehabt. Ein Beispiel für viele: In der Familie des Staatsrates von Walcher, Sohn des berühmten Porzellanmalers Bonaventura Walcher."

Hier, im Umgang mit den Walchers am kunstsinnigen Hofe von Charlotte Mathilde, deren kreative Stickereien heute noch im Ludwigsburger Schloß sehenswürdig sind, dürfen wir den Ursprung für die lebenslange Liebe zur Malerei vermuten, die für einen späteren Generalstabschef zumindest als außergewöhnlich zu bezeichnen ist.

Eduard von Kallee war also in der Geborgenheit der Ludwigsburger Gärtnersfamilie aufgewachsen. Seinem Vater Gottlieb Kallee – Kirchenbuch-Eintrag: Hofgärtner der verw. Königin, ev. luth., gest. 1843 – ist er zeitlebens als treuer Sohn verbunden. In Eduards Tagebuch findet sich ein Dankgedicht, wie es schöner von einem Sohn nicht geschrieben werden kann. Seine Frau Juliana Eleonora, geb. Schüßler, in Stuttgart geboren und 1839 gestorben – war in erster Ehe mit dem Kastellan im Königlichen Palais, Christian Wagner, verheiratet. Leider fand ich keine Aufzeichnung im Tagebuch über die Mutter Eduards, die ihren vielen Kindern eine liebe Mutter gewesen sein muß.

Angesichts der etwas komplizierten Vaterschaft väterlicherseits schreibt der Pfarrer Richard Kallee umso freier über die mütterlichen Wurzeln seiner Existenz: „Meine Mutter stammte aus einer altwürttembergischen Honoratiorenfamilie. Mein Großvater, der Oberst Christian von Majer, war – wie Schiller in einem solchen Falle sagt – ‚ein Bürgerlicher von Stand'... Im Schloß zu Höpfigheim, einem Wasserschloß aus der Karolingerzeit, – die Weinberge lagen am Mundelsheimer ‚Käsberg' – hatten meine Vorfahren hundert Jahre lang ihre ‚Dienstwohnung'. Das Amt des Höpfigheimer Stabsamtmanns war gleichsam erblich in der Familie ... Die Verwandten waren so ziemlich alle königliche oder ständische Beamte, wenn nicht Pfarrer und Dekane."

In der privilegierten bürgerlichen Umwelt Stuttgarts, in der Richard Kallee mit seinen Geschwistern aufwächst, legt man Wert auf sorgfältige – und moderne – Erziehung und Bildung. Der Vierjährige schon darf mit der älteren Schwester das private Weidlin'sche Töchterinstitut als Gast besuchen, während der Handarbeitsstunden: „im Flügelkleide", wie es so Sitte war.

Es folgt der Besuch der Vorschule, eine „Einrichtung für Knaben", die erste ihrer Art in Stuttgart. Das heißt konkret, daß das lebhafte, durch die älteren Brüder, die schon im Gymnasium waren, weit geförderte Kind zu Hause nicht mehr „guttat". Und Richard ging gern in diese Vorschule.

„Unser Herr Bauzenberger verfuhr nach Pestalozzis System: es mußte alles dem kindlichen Verständnis in Liebe, Geduld und Freundlichkeit nahegebracht werden; freudig und fröhlich sollten die Kinder lernen, und der Lehrer selbst gab uns ein Beispiel aller erzieherischen Tugenden." In der Tat: Herr Bauzenberger war seiner

Zeit voraus; er vertrat die Neuzeit noch in einem weiteren wichtigen Unternehmen: Er führte die Buben zum Baden auf den „Schiller", das heißt auf die grüne Wiese hinter dem Mineralbad Leuze auf der Neckarinsel. Hier war der Pestalozzi'sche Erzieher bemüht, den Umgang mit dem Wasser zum angstfreien Vergnügen zu machen.

Sollte die Generation meines Vaters – geboren 1897, als Pfarrer Kallee gerade frisch nach Feuerbach gekommen war – im „Wendel", dem ersten Feuerbacher Bädle im „Tal", davon profitiert haben? – Karl Krämer, im Oberdorf von Feuerbach aufgewachsen, von Pfarrer Kallee getauft, konfirmiert und getraut, hat als Vorstand der Schwimmabteilung im Turnverein Feuerbach die Bauzenberger'schen Prinzipien lebenslang in die Tat umgesetzt. „Jeder Deutsche ein Schwimmer, jeder Schwimmer ein Retter" war sein Motto. Meine tägliche Schwimmstunde, mit 80 Jahren, ist davon noch stark beeinflußt – indirekt von Herrn Bauzenberger?

Richard Kallee genoß eine Erziehung durch Vorbild, auf der festen Grundlage christlicher protestantischer Moral- und Wertvorstellungen schon in dieser Vorschule, ergänzend zur Führung durch die Mutter, die seinem Leben sanft aber entscheidend Richtung gab.

Die Philosophie dieser Reformpädagogik stammte von Johann Heinrich Pestalozzi (1746–1827), dem die Forderung „Retour à la nature" des Jean-Jacques Rousseau (1712–1778) sehr vertraut war. Als leidenschaftlicher Gefolgsmann von Turnvater Friedrich Ludwig Jahn (1778–1852) geht Lehrer Bauzenberger mit seinen Buben mehrmals in der Woche zu einem großen, jedem zugänglichen Turnplatz. Es spricht für Stuttgart, daß es dort Geräte aller Art für verschiedene Altersgruppen gibt. Der alte Pfarrer Kallee, wenn auch von Gicht geplagt, lobt das Geräteturnen in seinem Erinnerungsartikel im Staatsanzeiger 1922: „... man bekommt Mut, wozu man durch diese Art des Turnens erzogen wurde." Und er bedauert: „Die feinen Turnübungen unserer Jugend sind nun dem englischen Fußballspiel zum Opfer gefallen. Bei diesem Spiel entscheidet die Kraft; und Geschicklichkeit kommt dabei erst in zweiter Linie in Betracht."

Man mag das heute auch in Stuttgart anders sehen. Immerhin hatten auf dem Wasen englische Studenten grundlegende Vorarbeit für den VfB Stuttgart geleistet, der 1893 dort aus der Taufe gehoben wurde. Ich selbst engagierte mich nachhaltig auf der Fußballseite, indem ich als junger Lehrer den „Erzieherischen Wert des Fußballs" wissenschaftlich unter die Lupe nahm und, als aktiver Handballer, den „König Fußball" rühmend herausstellte. Auch bei Pfarrer Kallee kann ich mir vorstellen, daß er auf liberale Art mit dem fußballbegeisterten Pfarrerkollegen Leyers gut zurechtkam.

Rudolf Leyers hatte in den dreißiger Jahren in der „Propaganda-Elf" und Altherren-Mannschaft des in der ersten Liga spielenden Sportvereins Feuerbach eine passable Figur als Mittelstürmer abgegeben. Vom populären Fußball-Pfarrer Leyers kursiert in Feuerbach die Sage von seiner legeren Ausdrucksweise. So habe er sich einmal im Gasthaus zur Rose von den Freunden schnell verabschiedet mit dem Bemerken: „I mueß aufm Friedhof gschwend oin nonter schwätza." Ein solcher Spruch ist vom Ersten Stadtpfarrer Kallee nicht denkbar, auch wenn er in der Tübinger Studentenzeit der „alten Burschenherrlichkeit" auch „locker vom Hocker" sein konnte, wie wir hören werden.

Von Pfarrer Leyers berichtet Richard Albrecht, er habe beim anschließenden Hock nach dem Spiel von der Leberwurst sorgfältig die Haut entfernt, worauf der Linksaußen Berte lachend den Spruch riskierte:

„Ach, Herr Stadtpfarrer, wer auf Gottes Wort vertraut,
frißt die Wurst mitsamt der Haut."

In Richard Kallees Schilderung im Staatsanzeiger verband Turnvater Jahn den Aufruf zu „körperlicher Ertüchtigung" mit politischen Vorstellungen von deutscher nationaler Einheit und Freiheit.

Freiheit gab es viel in dieser Buben-Kindheit im Stuttgart der 1850er und 1860er Jahre. Mag die Erinnerung manches verklärt haben; es bleibt noch genug, was es damals zu sehen und zu erleben gab: Der offene Nesenbach, umsäumt von Gerbereien und Färbereien, die noch kein Umweltbewußtsein daran hinderte, den Bach in eine trübe Flut zu verwandeln – die Kinder stiegen hinein.

Das an sich verbotene Schlittenfahren in den Straßen, dem der „Viertelsmeister" machtlos gegenüber stand. Das war kein „Viertelesmeister", sondern wohl eine Art Büttel im jeweiligen Viertel der Stadt, der es ernst meinte.

Die Händler in den Straßen: der Sand-Mann mit dem „Fegsand" für die Dielenböden, der Meerrettich-Mann, der Siebmacher. Gaukler, Seiltänzer und aufregend zwielichtiges Volk.

Am Abend lief der Nachtwächter mit einem Spieß in der einen und der brennenden Laterne in der anderen Hand und sang – er sang tatsächlich:

„Loset, was i euch will saga:
D' Glocka hat Achte gschlaga."

Und dann in landschaftsgebundener Hochsprache:

„Nur acht Seelen waren dort,
Die da glaubten Gottes Wort!
Wohl um die Achte."

Wir dürfen füglich davon ausgehen, daß Richard beider Sprachen mächtig war: das Schwäbische auf der Gass', das Schriftdeutsche in der Aussprache eines „Schloß-Schwäbisch" war seine Muttersprache. Sie ist es auch geblieben: das Honoratioren-Schwäbisch Stuttgarter Prägung, das sich von der Sprache der Bevölkerung in Tübingen, seiner späteren Universität, wesentlich unterschied; auch vom Hohenlohischen seiner ersten Pfarrstellen, und von dem Deutsch, das „über dem Berg" in seiner späteren Feuerbacher Gemeinde von den Grundechten gesprochen wird, die sich als „Feuerbächer" zu bezeichnen, die Ehre haben. Reinhard Heinz, dem großen Kenner, verdanke ich die genaue Definition: Feuerbächer ist man, wenn die Mutter in Feuerbach geboren ist und noch „Stückla" auf Feuerbacher Gemarkung in der Familie sind.

Erstaunlich für den heutigen Leser ist auch Kallees Bericht über die aufwendige tägliche Präsenz des Militärs in den Straßen zwischen der Rotebühlkaserne und dem Schloß: mit klingendem Spiel die Infanterie, hoch zu Roß die prächtig uniformierte Garde. Die Buben sprangen mit, sie kannten sich aus in den Farben der Regimenter, und es gefiel ihnen über alle Maßen, wenn die Kapelle das „Muß i denn, muß i denn zum Städtele naus" spielte.

Einmal im Jahr war das Militär noch deutlicher als sonst der Repräsentant der Monarchie – auch der konstitutionellen, die sie unter Wilhelm I. geworden war: am Abend vor dem Geburtstag des Königs am 27. September belegte eine Geschützbatterie Hof und Ställe des weitläufigen Anwesens der Gartenstraße 11. Was für einen Spaß hatten die Kinder mit den biwakierenden Kanonieren!

Die „Dienstgrade" waren möglicherweise altvertraut mit der Familie aus der Ludwigsburger Zeit. Die Batterie zog am folgenden Morgen zum Kanonenweg, um 100 Schuß Salut für König Wilhelm abzufeuern. Der martialische Name „Kanonenweg" ist in unserer

Zeit der milderen demokratischen Bezeichnung „Haußmannstraße" gewichen – wohl die freundlichere Adresse für die erste und größte Waldorfschule Deutschlands.

In Kallees Bericht seiner Kindheit und der „guten alten Zeit" deutet sich auch etwas Neues an, ein frischer Wind, der – fast unmerklich am Anfang – durch die alten Straßen säuselt.

„Gewissensfreiheit, Gewerbefreiheit, Handelsfreiheit!" – „Kirche und Schule" wurden als „Hort edelster Gesinnung" gepriesen, und am Tag danach hieß es:

„Der Freiheit eine Gasse! Weg mit der Pfaffenknechtschaft! Freie Schule, freie Bürger". Zumindest unterschwellig hat sich manches davon bei dem aufgeweckten Richard Geltung verschafft auf seinem Weg ins Leben, in den geistlichen Beruf, der ihm zur Berufung wird als liberaler Pfarrer und Seelsorger. Die Grundlagen seines geistigen Rüstzeugs dafür bekommt er in der humanistisch orientierten Eliteschule Stuttgarts, dem Eberhard-Ludwig-Gymnasium.

Durch seine eigenen Aufzeichnungen erfuhren wir viel von der glücklichen Kindheit Richard Kallees. Das ist gut so: Die Kindheit ist der Schlaf des Lebens. Und Träume sind wesentlich. Richard Kallee hat uns mit seinen Erinnerungen an das Stuttgart vor 150 Jahren reich beschenkt.

Schule und Universität

Schon die Nennung seiner Schule und Universität, die ich den unterhaltsamen Gesprächen mit seinem Enkel, Prof. Dr. med. Ekkehard Kallee, verdanke, besagt viel, ist gleichsam Programm, das den Menschen stark prägte.

Das alte „gymnasium illustre" in Stuttgart, das Eberhard-Ludwig-Gymnasium, wurde seine Schule. Der größte Sohn der Residenzstadt, der Philosoph G. W. F. Hegel, hatte dort Abitur gemacht, bevor er mit zwei anderen Jahrhundertbegabungen, F. W. J. Schelling und Friedrich Hölderlin, ein Zimmer im Tübinger Stift bezog.

Richard Kallee hätte längst abgewinkt: So hoch wollte er nicht hinaus! Aber nach dem ersten schwäbischen Bildungserlebnis im „Ebelu" kam für ihn nur eines in Frage: Theologie in Tübingen. Die Eltern ließen ihn gewähren, die Mutter wohl freudiger als der Vater.

Die klassische Theologen-Laufbahn in Württemberg setzte das berühmt-berüchtigte Landexamen voraus, „bei dem es schon eine Ehre war durchzufallen". Diese altsprachlich schwierige Prüfung schaffte er und bezog 1869, fünfzehnjährig, das Evangelisch-Theologische Seminar im ehemaligen Kloster Blaubeuren, unterbrochen durch eine längere Krankheitszeit: Hüftgelenksentzündung, verursacht durch „einen allzu gewagten Sprung beim Turnen". Dadurch wurde er untauglich zum Kriegsdienst. Daß dies für den Generalsohn kein schmerzendes Stigma wurde, kann der Autor als Angehöriger des Leutnantsjahrgang 1944 nur hoffen!

Die Zeit im Tübinger Stift ist für Richard Kallee so wenig vergnügungssteuerpflichtig gewesen wie für Friedrich Schiller einst die Hohe Carlsschule in Stuttgart – trotz der jeweiligen Stipendien vom württembergischen Staat.

Aber Tübingen wurde für Richard, wie der Stiftler Eduard Mörike es ausgedrückt hatte: „der Ort, den man weit auf Erden vergeblich sucht" – die kleine große Stadt, Provinz und Weltstadt, eng und weltoffen, weit und überschaubar. Er schließt sich einer Stiftsverbindung an, dem „Roigel". Diese Studentenverbindung hat traditionell drei Mehrbettzimmer im Evang. Stift zu Tübingen: Das „Quadrat", die „Mulattia" und „Schwärzloch". Letzterer Name des Bauerngasthofs über dem Ammertal erweckt bei jedem, der je in Tübingen studiert, höchst angenehme Erinnerungen – frei nach der theologischen Maxime: „Die Erde ist ein Jammertal, am wenigsten im Ammertal".

Roigel ist der Name für die „Königsgesellschaft", die „Société Royale", wie sich die Verbindung augenzwinkernd nannte, weil sie im Gasthaus König ihr Gründungs- und Kneiplokal hatte. Das französische „Royale" verballhornten die Gogen zu „Roigel" – und dabei ist es geblieben.

Nach Hermann Fischers Schwäbischem Wörterbuch wird die Tübinger Redensart „Der sauft wie ein Roigel" jedoch dem Reigel, dem Fischreiher, zugeschrieben. Fischer, selbst Roigel, hat den Kampf gegen die allgemeine Volksmeinung aufgegeben. Er hat zumindest keine Alkoholkonsum-Statistik der Verbindungen bemüht.

Richard Kallee liebt Tübingen, wo – wie manche behaupten – alles anders ist als anderswo, das aber ein Hauptcharakteristikum hat: das „Sowohl-als-auch". Er liebt diesen Ort des Widerspruchs, der seiner Art gemäß war. Er ist ein flotter Student und er „obliegt mit Eifer seinen Studien", wie es seit der Stiftung der Universität 1477 heißt.

In dem mit ungewöhnlicher Ordnungsliebe geführten kleinen Archiv auf dem Roigel-Haus figuriert der Name Richard Kallee häufig mit Beanstandungen und Rügen in der „Gazette du Roi". Aber auch positiv mit kreativen Beiträgen, so genannten „Kneipleistungen", in Gedicht- und Liedform, mitunter solchen, die man in ihrer Lockerheit dem späteren Gelehrten und Stadtpfarrer nicht zutraut, beziehungsweise seinem Prestige nicht mehr zumutet. – Oder doch?

Hier wäre eine zur Abwechslung „salonfähige" Kneipleistung als Auszug aus der „Gazette du Roi" vom 13. März 1875:

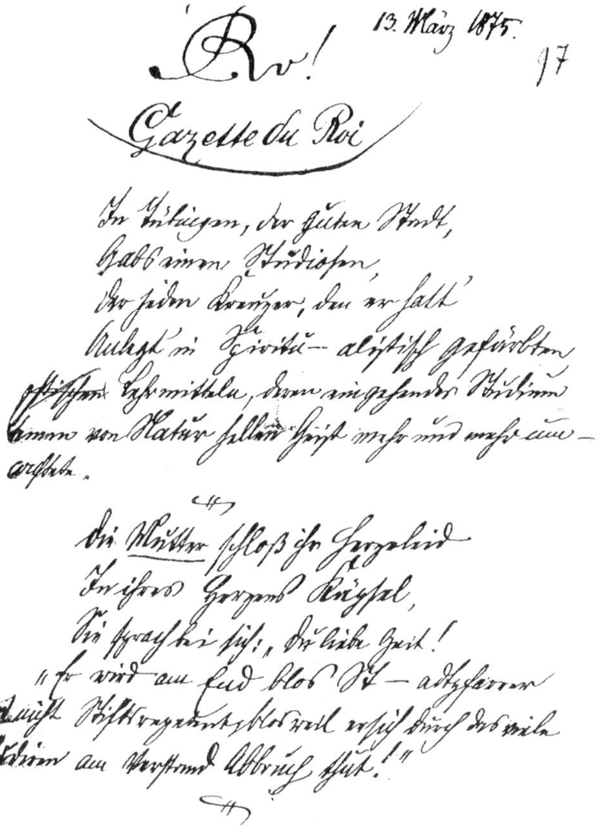
Roi! 13. März 1875. 17

Gazette du Roi

Auszug aus dem handschriftlichen Eintrag Richard Kallees in der „Gazette du Roi" vom 13. März 1875.

R v!
(Das ist der Zirkel der Roigel: „Es lebe der König!")

In Tübingen, der guten Stadt, Gab's einen Studiosen,
Der jeden Kreuzer, den er hatt', Anlegt in Spiritu-
alistisch gefärbte Lehrmittel, deren eingehendes Studium
einen von Natur hellen Geist mehr und mehr umnachtet.

Die Mutter schloß ihr Herzeleid in ihres Herzens Käpsel,
Sie sprach bei sich: Du liebe Zeit! Er wird am End blos St-
Stadtpfarrer, und nicht Stiftsrepetent, blos weil er sich
durch das viele Studieren am Verstand Abbruch thut!"

Dagegen schrieb der Herr Papa: So geht's nicht auf die Dauer,
Mein Sohn, Du ruinierst Dich ja, Du trinkst ja wie ein B-
Besessener an den „Brüsten der Wissenschaft"!

*Studiere Du die Theologie Nach Haase und nach Thauler**
Und halte Dich für kein Genie, Sonst wirst Du immer voll-
ständiger auf die Seite des Pietismus gedrängt, dem es gegenwärtig
an einem bedeutenden Heiligen fehlt, der sich noch nie blamiert hat.

Beim Philosophischen sei gescheidt Und mach' es Dir zur Regel:
Verschwende niemals Deine Zeit Auf Schelling oder H-
eroen oder anderes heidnisches Zeug, nicht auf Zeitphilosophien,
denen der selige Napoleon I als die „Weltseele zu Roß" erschien.
Im Gegentheil studiere Du den Herrn Professor Kanten.
Das gibt der armen Seele Ruh' und imponiert den T-
theilweise sehr tief in den Beutel greifenden älteren Damen
aus der Verwandtschaft.

Als Quintessenz der Wissenschaft Empfehl' ich Dir den Psalter.
Und nun drauf los mit frischer Kraft! Das rathet Dir Dein Al-
lerdings mehr mit dem armen Hiob als dem König David
vergleichbarer schwergeprüfter Vater.
*Fec**. Kallee*

**Professoren damals – ** fecit, lat. = gemacht*

Tübingen und seiner Universität, der Graf Eberhard sein Lebensmotto ATTEMPTO – „Ich wag's" – mitgegeben hat, sind die Kallees in drei Generationen treu geblieben. Selbst der General-Vater Eduard von Kallee hat in seinem Ruhestand zeitweise dort gewohnt.

Für den in der Roigel-Gazette erwähnten, berühmten Vater war der Student Richard im Grunde seines Herzens mit liebevollem Stolz erfüllt. Er verkämpft sich für den mit 51 Jahren aus der Armee verabschiedeten Generalmajor, der als Generalstabschef seinem Dienstherrn König Karl auf das dringendste vom Feldzug gegen Preußen abgeraten hatte.

Statt im Schmollwinkel des Ruhestands zu verharren, machte er sich auch durch „Wort, Stift und Schrift" einen höchst ehrenvollen Namen.

In der Stadt Tübingen hat er den Verschönerungsverein ins Leben gerufen und den Bau des Turms auf dem Steinenberg initiiert. Im dankbaren Gedenken an seine Limes Romanus-Forschung erhielt bei Tübingen-Derendingen ein Hügel den Namen „Kallee-Höhe", auf dem er den Bau einer Schutzhütte für Wanderer veranlaßte. Einst hatte er von dieser Höhe aus beim Manöver taktisch operiert. Die „Kallee-Höhe" steht auch heute noch in den Karten 1:25 000 im Lande, trotz gelegentlicher Proteste aus dem linken Spektrum der Politik.

Bei einer Veranstaltung auf dem Roigel-Haus Ende des Jahres 2003 erwähnten wir Eduard von Kallee ehrenvoll, zusammen mit Ekko Kallee, dem Enkel, und Gerhard Raff, dem „Ehren-Roigel". Dabei schmiedeten wir Pläne für das „Kallee-Fest" in Feuerbach: am 18. Dezember 2004, Richard Kalles 150. Geburtstag.

Seelsorger in Hohenlohe

Nach seinem erfolgreichen Studium der Theologie in Tübingen wurde Richard Kallee auf eine kleine Pfarrei im Hohenlohischen berufen. Noch heute bezaubert uns die Weite der heilen Landschaft im Nordosten Baden-Württembergs. „Michelbach am Wald" läßt die Idylle ahnen, die seine erste Pfarrstelle umgab.

Nichts gibt Kunde von der Odyssee einer „Vikariatsknechtschaft", wie sie noch zu Mörikes Zeit üblich war. Nach ein paar Jahren wird er „Diakon und Hofprediger" – so im Roigel-Archiv – in den Feuerbacher Akten steht: „Spitalprediger, auf jeden Fall: Dritter Stadtpfarrer, in der malerischen Residenzstadt der Fürsten von Hohenlohe-Öhringen."

In der Krypta der gotischen Stiftskirche steht der Sarkophag Adelheids, der Kaiserin-Mutter. Er ist ein Beispiel edelster staufischer Kunst mit der Aufschrift:

„Hujus fundatrix templi jacet hic tumulata,
Conradi regis mater Adelheida vocata"
„Die Gründerin dieser Kirche liegt hier begraben,
Conrads des Königs Mutter, Adelheid genannt"

Dieser Hexameter-Vers umschreibt als Ornament den Deckel des Sarkophags. Darunter in Prosa: „Anno 1241 sind hier die Gebeine unserer Herrin Adelheid umgebettet worden."

1241 – mag der junge Pfarrer Kallee sinniert haben, der sich dieser Jahreszahl in der Zeit des größten Staufers, Friedrich II., aus der Tübinger Vorlesung wohl erinnerte. Auch wegen der besonderen Beziehung dieses modernsten Herrschers des Hochmittelalters zu

Öhringen, der „kleinen Reichsstadt zwischen Heilbronn und Hall". All diese Geschichtsträchtigkeit machte ihm Öhringen besonders liebenswert. Die Lebensstation Öhringen ist auch für sein Geschichtsdenken gewichtig.

Vom privaten Umgang Richard Kallees in dieser Zeit ist mir die Bekanntschaft mit einem Bruder von Robert Bosch zu Ohren gekommen, der als Baumeister im Stift tätig war. Daraus wurde eine frohgemute und sangesfreudige Freundschaft.

Albert Bosch, der in München und Stuttgart Architektur studiert hatte, war in Ulm Mitglied der Münsterbauhütte gewesen und Spezialist für historisierende Gotik geworden. In Öhringen wandte er sich einer ähnlichen Aufgabe zu. Er leitete die Restaurierung der Stiftskirche.

Theodor Heuss hat in seiner Bosch-Biographie ein sympathisches Zitat von Robert Bosch über diesen Bruder parat: „Albert vertritt das Aristokratische in unserer Familie." Wohl möglich, daß die beiden Freunde in Öhringen eine gewisse Seelenverwandtschaft für einander gespürt haben. Dies zu belegen, darf ich Theodor Heuss noch einmal zitieren: „Offenbar bildete Albert in der Familie Bosch das einzige ausgesprochen musische Element mit einem Zug, der sich von der korrekten Bürgerlichkeit abhob. Er galt als ein Freund der Tafelfreuden, der herzhaften Trinkrunde, der heiteren Geselligkeit."

Richard Kallee bewundert neidlos seinen Freund Albert. Sein zweiter Sohn wird auf diesen Vornamen getauft. Im Staatsanzeiger vom 3. August 1922 schreibt Richard Kallee über Albert Bosch: „Albert ist ein hochgewachsener und dabei breitschultriger Mann mit dunklen Rollenhaaren; gewandt in der Rede, ein angenehmer Gesellschafter, sympathisch und witzig ...Von einem schönen Sommertag in Michelbach erzählte er mir, daß er ein hübsches Lied entdeckt habe, ein echtes altes Volkslied.

In Cappel, einem Dorf bei Öhringen, habe er es von Mädchen gehört. Ein hübsches Liedchen, wie ich ihm zustimmte, als er mirs vorsang, mit heller Stimme, sauber im Takt, sicher in der Tonfolge", attestierte ihm der geübte Sänger von Studentenliedern, der auch dieses Lied kannte. „In Feuerbach wird es spaßhaft die Wengerters Hymne genannt. Ein unverdienter Spottname! Das Liedchen hat lyrischen Wert. Walther von der Vogelweide könnte der Verfasser sein. Man findet bei ihm als Charakteristikum öfters die Darstellung des glücklich liebenden Mädchens, wie umgekehrt bei Mörike den ergreifendsten Ausdruck weiblichen Liebesleids."

So weist sich Richard Kallee als feiner Kenner romantischer Dichtung aus – sogar der mittelhochdeutschen!

Hier nun das „Amsellied", das die beiden Freunde Richard und Albert nicht ungerührt gelassen hat:

„Gestern abend in der stillen Ruh saß ich am Wald und hört der Amsel zu.
Und als ich so da saß und meiner ganz vergaß,
Da kam der Schmeichler, schmeichelt sich an mich
– und küsste mich.

Soviel Laub und Blätter im Gebüsch, Soviel hat mich mein Schatz geküsst.
Ja ja, ich muß gestehn! Daß weiter nichts geschehn,
Die Amsel in dem grünen Wald allein – soll Zeuge sein."

Was im übrigen die Sangesfreude anlangt, da war der junge Robert Bosch dieser auch nicht abgeneigt. Heuss berichtet, daß in der Stuttgarter Werkstatt dann und wann zünftig bei der Arbeit gesungen wurde. Einmal habe zwar der Chef sich ausbitten müssen:

„Etwas mehr piano – sonst glauben die Leut', hier wär' ein Konservatorium."

Robert Bosch hatte ja in dem selben Viertel Stuttgarts, in dem Richard Kallee seine Jugend erlebte, 1886 die gewerbepolizeiliche Genehmigung für eine „Werkstätte für Feinmechanik und Elektrotechnik" im Hinterhaus der Rotebühlstraße 75 eingeholt. Die „Belegschaft" bestand aus je einem Mechaniker und Lehrbuben. Im Alter prägte der einstige „Jungunternehmer" das Wort der Erinnerung: „Es war lange ein böses Gewürge." Das „Gewürge" war nicht gesanglich gemeint, sondern im betriebswirtschaftlichen Sinne.

Oft fehlte am Samstag das Geld zum Zahltag, und um seinen Leuten das Geld nicht schuldig zu bleiben, mußte Bosch die Hilfe des benachbarten Gemüsehändlers in Anspruch nehmen. So erinnert Robert Bosch sich selbst, der höchst eigenhändig auch dem Lehrbuben das Radfahren beibrachte, „um ihn mobiler zu machen".

Allzubald mußte die große Familie Bosch wie auch der treue Freund Richard Kallee um den Münsterbaumeister trauern. Seine Erneuerung der Öhringer Stiftskirche mußten andere vollenden. Albert Bosch, in seiner Kraft jäh gebrochen, erlag im Juni 1887, erst 33 Jahre alt, einem seit längerem drohenden, zu wenig bachteten Lungenleiden. Sein früher Tod ist gewiß auf Robert Boschs strenge, ja vorsichtige Lebensführung nicht ohne Einfluß gewesen (Heuss).

Auch Richard Kallee blieb im Gedenken an den guten Kameraden in solchen Überlegungen lebenslang verhaftet. In meinen Recherchen der Personalakten „Kallee" der Altregistratur im Oberkirchenrat war auffällig bei den Urlaubsgesuchen seines Berufslebens: bis 1887 lediglich Besuchsreisen zu Eltern und Schwiegereltern nach Tübingen und Echterdingen, von 1887 an medizinisch untermauerte Gesuche, im jährlichen Abstand, erst ins Mineralbad Berg, dann wiederholt nach Lindau und (1896) an den Vierwaldstätter See. Früh schon muß Richard Kallee von chronischen Entzündungen, Arthrosen und Rheumatismen geplagt worden sein.

Die Häufung von Urlaubsgesuchen mag dazu beigetragen haben, daß seine vorgesetzte Behörde nicht rückhaltlos die Wertschätzung des geliebten Pfarrers durch die Gemeinden teilte.

Familie Mathilde und Richard Kallee mit den Söhnen Albert und Walter (der nach Argentinien auswanderte).

Zu neuen Ufern lockt ein neuer Tag

„In den Iden des Juli 1880“ hatte Pfarrer Richard Kallee die Pfarrerstochter Mathilde Wunderlich geheiratet. Die Hochzeit wurde in der Kirche des Brautvaters auf den Fildern gefeiert. Der Ordensornat des Generals und Bräutigamvaters mag in Echterdingen Aufsehen erregt haben.

In der Verantwortung für eine Familie stellt sich die Frage der beruflichen Laufbahn neu. Die Stiftskirche in Öhringen hat Richard Kallee behagt, doch nicht die unterste Gehaltsklasse, in der er sich und seine Familie nur mit den „Stolgebühren“ über Wasser halten konnte. Ich habe mich kundig gemacht: das waren die Tauf-, Traungs- und Begräbnisgebühren – Amtshandlungen an einzelnen Gläubigen, bei denen die Stola getragen wird.

„Lieber in einem gallischen Dorf der Erste ...“, hat sich Richard gedacht, dem für jede Lebenssituation ein lateinisches Sprichwort zuflog. Im übrigen ist ein gesundes Karrieredenken für jeden natürlich, der ein Amt in Kirche oder Staat hat. An die zehn Bittgesuche (heute würde man sagen: Bewerbungen) waren notwendig, gerichtet an das Oberhaupt der Landeskirche. Das klang dann so: „Euer Kgl. Majestät wage ich die alleruntertänigste Bitte um allergnädigste Übertragung der Pfarrei ...“ usw. usf.

„Das Hohe Königliche Evangelische Konsistorium“, der heutige Oberkirchenrat, bei dem seine Schriftsätze landeten, hat ihn ganz schön hingehalten. Weh tat ihm besonders die Absage „für die Übertragung der erledigten dritten Stadtpfarrei Ludwigsburg, wo mein Großvater als Königlicher Hofgärtner bis zu seinem Tode diente, wo mein Vater geboren und die Hälfte seines Lebens daselbst in hervorragenden Stellungen zugebracht: als Kommandant der Kriegsschule, als Chef des Generalstabs und zuletzt als Gouverneur."

Die Pfarrei der Dorfkirche Feuerbach empfand Richard Kallee nicht als „II. Wahl". Der Name des einstigen Namenspatrons „Mauritius" war bereits vergessen, weil es ja seit der Reformation keine Heiligen mehr gab; er wurde erst von Kallee wieder entdeckt.

Spontan kamen dem Pfarrer bei „Feuerbach" angenehme Kindheitserinnerungen in den Sinn: Wochenendausflüge der Stuttgarter Familie Kallee in den idyllischen Flecken, von dem Goethe einst – en passant – im Reisetagebuch vermerkt hatte: „Man sieht die Solitude in der Ferne. Rechts liegt Feuerbach in einem schönen Wiesengrunde..."

Früheste Erinnerung waren die guten Vesper in der Krone oder im Hirsch, das Herbsten im Wengert der Familie Bofinger, oder – was ihm am allerbesten gefallen hatte: das barfuß Herumtoben mit den Feuerbacher Kumpanen im Bach bei der „Wette". Bei weiterer Überlegung kamen Richard Kallee wohl noch weitere, wesentlichere Vorzüge Feuerbachs zum Bewußtsein, die die Enttäuschung beim Vergleich „Stiftskirche – Dorfkirche" vergessen machten.

Sein historisch geschulter Sinn für wirtschaftliche Entwicklung kam ihm dabei zustatten: Dieses Industriedörfle war ja auf dem besten Wege zum Industriestandort sondergleichen. Die Voraussetzungen dafür waren seinem Blick nicht entgangen: das „Modell baden-württembergischer Möglichkeiten", wie ein großer Ministerpräsident später einmal die Entwicklung Feuerbachs charakterisierte.

Pfarrer Richard Kallee war von Anfang an stolz auf seine neue Heimat am Feuerbach, der damals noch offen dahin plätscherte. Die in Jahrhunderten nicht wesentlich veränderte Landschaft, in einem durch Wald und Reben umgrenzten Tal, war 1896 viel au-

Die Wette, eine Pferdeschwemme beim Feuerbacher Mühlwasen.

genfälliger als heute. Die Bodenständigkeit der Bürger war ausgeprägt. Noch heute ist davon etwas zu spüren: die Privilegierten, die es sich leisten können, „nebenher" als Amateur-Wengerter im eigenen Weinberg zu schaffen – in Feuerbach gibt's die noch! Die sich damit beim bereits legendär gewordenen Kelterfest einen Stammplatz in der überfüllten Kelter sichern.

Das „Kelterfest" gab es allerdings zu Kallees Zeiten noch nicht, obschon unsere schöne Kelter in der Zeit Herzog Carl Eugens gebaut wurde. Aber erst der schon erwähnte junge Freund Kallees, Richard Albrecht, hat im Alter diesem Fest Leben und Sinn gegeben. Mit Hilfe des Wein-, Obst- und Gartenbauvereins hat er es zu etwas Einmaligem gemacht – mit Festgottesdienst in der Kelter am Sonntagmorgen. Ein Fest nach dem Herzen des Pfarrers Kallee.

Es spannt sich in der Tat ein roter Faden, den Kallee gezwirnt, zum heutigen Kelterfest. Richard Kallees Liebe zur Heimat, deren Geschichte und Kultur, inspirierte den jungen Künstler Richard Albrecht. Wir dürfen füglich annehmen, daß ohne das Vorbild Kallees sein Helfer bei den Ausgrabungen, Richard Albrecht, sich nicht mit dem alten Feuerbach in der Intensität befasst hätte, mit der er in seinem Lebenswerk der Landschaft und Weinbautradition seiner Heimatstadt Ausdruck verlieh.

Das Leitbild Kallee beflügelte Richard Albrecht zu seinem Genius der Freundschaft, der schließlich das Dreimännerkollegium mit Professor Hugo Peters und Horst Bulling zusammenbrachte. Der Kunstkreis Feuerbach ist ihr Werk, wie ihre Kunstwerke aus dem Kulturleben der Stadt nicht wegzudenken sind. Ihr Anstoß und Beitrag zum Kelterfest des gleichermaßen verdienten Wein-, Obst- und Gartenbauvereins sind unverzichtbar.

Das Ehrenmitglied des WOGV, Horst Bulling, der Jüngste im Triumvirat der Feuerbacher Kulturschaffenden, hat mir nach der Lektüre meines Entwurfs „Fertig Feuerbach!" anvertraut, dass „Richard Kallees Feuerbach-Engagement ihm den Mut gegeben hat, weiter zu machen." (Die Eingeweihten wissen es: 30 Jahre lang hat Horst Bulling, an der Seite von Richard Albrecht und Hugo Peters, Konzeption und künstlerische Gestaltung des Kelterfestes mitgetragen.). „Im Sinne Pfarrer Kallees werde ich nun weitermachen: mit der Staffelei in der Natur, in den Weinbergen und Gärten, am Feuerbach – aber auch weiter Anteil nehmen an der Entwicklung unserer unmittelbaren Heimat." (Originalton Horst Bulling).

Die Liebe zum Weinberg hatte Richard Kallee von seiner Mutter, die beim gesegneten Mundelsheimer Käsberg aufgewachsen war. Diese Liebe bildete 1896 für Kallee die Brücke zum „Dorf der Bauern, Wengerter und Steinbrecher". Kraft seiner Intelligenz hat-

Das „Feuerbacher Triumvirat der Kulturschaffenden" v. l. n. r.: Prof. Hugo Peters, Horst Bulling, Richard Albrecht, der einstige Assistent Pfarrer Kallees bei seinen archäologischen Grabungen, der 1986 das Bild „10 Jahre Maler-Freundschaft" malte.

te er den Weitblick zu sehen, daß neben Schönheit der Landschaft, der Verbundenheit mit Wein und Garten, Feuerbach Raum hatte für die zukunftsträchtige Industrie. Und in den „Bürgerlichen Kollegien" Feuerbachs gab es die Männer, die diese Zukunft planten. Frauen waren damals, um die Jahrhundertwende, dafür noch nicht gefragt.

Bald sollte es im Königreich keine andere Industriestadt geben, in der mit ähnlich bestechender Klarheit das Industriegebiet, die gemischten Zonen und die reinen Wohngebiete säuberlich voneinander getrennt sind wie in Feuerbach. Im Industriegebiet wurde in einmaliger Weise das Gleisnetz ausgebaut.

Kallee bewunderte das Ortsbaustatut, das – allein gegründet auf den gesunden Menschenverstand und die Beobachtung der Hauptwindrichtungen – den modernsten Ansprüchen entspricht, ohne daß Begriffe wie Umweltschutz oder Lebensqualität schon im Gespräch gewesen wären.

Gleiches gilt für die Planung der öffentlichen „Infrastruktur", wie man heute sagen würde: die Konzentration der Behörden in einem geräumigen neuen Rathaus, die Konzentration der Bildungseinrichtungen in einer „pädagogischen Provinz", die es – wie wir heute wissen – mit jedem modernen Bildungszentrum aufnehmen kann; ihr benachbart eine „Sportprovinz" um die „Eyche".

Die Bismarckschule ist in ihrer Bauzeit die größte Schule im Königreich. Ihre ansprechende Architektur wird bei der Planung der Realschule (heute Leibniz-Gymnasium) und der Festhalle (früher Turn- und Festhalle, im Jugendstil!) noch übertroffen. Für die an sich „b'häben" Feuerbacher ist der beste Baumeister gerade gut genug: Prof. Paul Bonatz, der den Hauptbahnhof Stuttgart gebaut hatte.

Der bei seinem Feuerbacher Dienstantritt 42-jährige Richard Kallee spürt die Lebenskraft und das Selbstbewußtsein dieser neuen Gemeinde. Der begabte Kanzelredner und Seelsorger wird dazu beitragen, den eigenständigen Bürgersinn zu pflegen und zu intensivieren.

Die Pfarreibeschreibung Feuerbachs

Der belesene Pfarrer und Schriftsteller Kallee weiß, wo er sich über seine Feuerbacher „Schäfchen“ auch noch wissenschaftlich kundig machen kann. Im Feuerbach-Kapitel der Oberamtsbeschreibung des Amtsoberamtes Stuttgart – der Stilist Kallee hört den Amtsschimmel wiehern! – findet er einen lapidaren Satz: „Die Einwohner sind im Allgemeinen gutmüthig und sehr fleißig; der tägliche Verkehr mit der Hauptstadt übt übrigens nicht den besten Einfluß auf die Ortsangehörigen aus.“ Das „Stuttgarter Früchtle“ Richard Kallee mag geschmunzelt haben. Mehr noch, als sich ihm in den Feuerbacher Pfarramtsakten seines Vorvorgängers Karl Plank die Quelle dafür auftat.

In den schlichten, biederen Schriftzügen der Pfarreibeschreibung von Pfarrer Plank ist da zu lesen: „Der tägliche, besonders aber der sonntägliche Verkehr mit der Residenz hat den nachtheiligsten Einfluß auf die Sittlichkeit der Einwohner; diese sind zum Theil leichtsinnig und üppig, und den Lastern der Völlerei und Wollust ergeben ... Es fehlt jedoch nicht an christlich gesinnten und rechtlichen Bürgern, die durch Fleiß, Sparsamkeit und einen stillen Wandel sich auszeichnen; diese finden sich meist unter den Weingärtnern, welche ihr eigen Feld bauen, während jene (nämlich die Liederlichen, Anmerkung des Autors) vorzüglich unter den Steinbrechern zu suchen sind.“

Kallee wird sich bei der Lektüre dieser realistischen Information seinen eigenen Vers gemacht haben. Er kannte sich im schwäbischen Pietismus ja gut aus.

Ich selbst mußte beim Lesen des vergilbten Pergaments an meinen Großvater Karl August Krämer denken, der ein wackerer Steinbrecher „auf der Haid“ gewesen war, und dessen Berufsstand bei Magister Plank aus Nürtingen so schlecht wegkam. In der endlosen Reihe von Feuerbacher Pfarrern war er der am längsten amtierende gewesen, nämlich 45 Jahre, von 1821 bis 1866. Darum gilt sein Wort im besonderen Maße. Aber sollte er auch schlechte Erfahrungen mit den Steinbrechern am Killesberg gemacht haben, muß ich hier posthum für meinen Großvater Krämer eintreten.

Er war ein lieber Familienvater, der auf sein Haus in der Schlosserstraße 23 sparte und seine Buben auf die „Realschule“ schickte, wie man damals sagte. Beim Bau des Hauses in der Schlosserstraße hat er „denkmalpflegerisch“ mit seinem Pfarrer zusammengearbeitet. Der an der Berufskrankheit „Staublunge“ früh Verstorbene wurde von Pfarrer Kallee auf dem neuen Friedhof im Feuerbacher Tal beerdigt.

Steinbrechermannschaft im heutigen Tal der Rosen.

Heinrich Krämer in seinem letzten Heimaturlaub (bei Fotograf Berthold, vor seinem Besuch im Pfarrhaus).

Sein Ältester, mein Onkel und Namenspatron Heinrich, war mit 23 Jahren bereits Exportleiter bei Bosch in Frankfurt am Main. Sein Leben und seine Karriere endeten im Ersten Weltkrieg durch einen Kopfschuß 1916 in Belgien. Heinrich Krämer war einer der Konfirmanden Pfarrer Kallees. Sein Sterben ist Teil des deutschen Schicksals, das Richard Kallee hundertfach in seiner Gemeinde mitgetragen hat in der Zeit des Unheils. Wohl die schwerste Aufgabe seiner Feuerbacher Zeit. Darum steht sie am Anfang.

Familie Kallee in Feuerbach

Auf den 15. September 1896 war Richard Kallee der Wurf gelungen: Er wird Erster Stadtpfarrer im Dorfe Feuerbach, dem „größten Amtsort im Amtsoberamt Stuttgart". Auch im Feuerbacher Rathaus, damals noch bescheiden bei der Kelter, wiehert gelegentlich ein Amtsschimmel. Es bestehen gute Aussichten, von Ihrer Majestät König Wilhelm II. bald zur Stadt erhoben zu werden. Dieser König, ob seiner Leutseligkeit nicht selten als „Württembergs geliebter Herr" apostrophiert, hatte auch in Tübingen studiert; er soll einmal gesagt haben: „Wer in Württemberg Erfolg haben will, muß nach Tübingen. Wer sehr erfolgreich sein will, der muß aufs Tübinger Stift, und wer ein ganz Großer werden will, der muß auch noch aus dem Stift hinausfliegen." Die letzte Voraussetzung hat der neue Feuerbacher Pfarrer nicht erfüllt.

Aber er kommt an „bei seine Schäfla" in Feuerbach, als Kanzelredner mit Niveau, der so spricht, daß er auch von den einfachen Menschen verstanden wird. Ein ungeheures Pensum erwartet ihn: nicht nur im kirchlichen Leben. Noch besteht die geistliche Schulaufsicht über die evangelischen Volksschulen, der hauptsächlichen Bildungseinrichtung damaliger Zeit. Dazu kommen zeitraubende Verpflichtungen sozial-karitativer Art, denen er sich aber mit Hingabe widmet und dafür gelegentlich im „Papierkrieg" Fünfe gerade sein läßt.

Mahnschreiben wegen einer nicht pünktlich gelieferten Pfarreibeschreibung künden davon, als er alle Kraft für seine „Kinderkrippe" zur Unterbringung der Säuglinge einsetzt. Ihm ist es – im Dezember 1914! – das Wichtigste, daß er die Krippe in der Jägerstraße (heute Kapfenburgstraße) realisieren kann. Für sein Versäumnis

Innenansicht der Feuerbacher Kirche 1917.

wegen der Pfarreibeschreibung muß er sich mehrfach entschuldigen.

Schließlich „erstreckt das Konsistorium den Termin der Pfarreibeschreibung nochmals weiter auf 1. Juli 1915". 1916 bekommt der gehetzte, nunmehr froh überraschte Pfarrer das Charlottenkreuz ausgehändigt. Königin Charlotte kommt nach Feuerbach. An der Seite des Initiators empfängt sie der treue Freund Dr. Julius Hauff, der das karitative Projekt in schwerster Kriegszeit substantiell unterstützt hatte.

Es war weise gehandelt, daß der gesundheitlich Sensible – wann immer es möglich war – „in der lieben Sommerzeit" die Batterie auflud: mit gezielter Kur, Natur und Kultur verbindend, in Gesellschaft anregender Menschen. So in Lindau, Baden-Baden, Füssen, Meran, Berner Oberland, 1918 in Mergentheim, wo er beim Militärarzt Dr. Brügel aus Feuerbach auch seine Zähne gerichtet bekam:

1921 in der Heimat seines Freundes Dr. med. Reinhold Blind in Weikersheim. All dieses ist in der Altregistratur des Oberkirchenrats archiviert.

So auch die Presseberichte der Goldenen Hochzeit des Ehepaars Kallee, die „aus Gesundheitsumständen" nicht gefeiert werden konnte, Pfarrer Hornberger aber mit den guten Wünschen der Gemeinde ein goldenes Gesangbuch überbrachte.

Das letzte Dokument ist die Todesanzeige von Mathilde Kallee am 6. Juni 1933. Drei Wochen später stirbt er. Als sie gegangen war, will auch er nicht mehr. Welche Symbolik, so früh wieder vereint zu sein. Sie bekommen ein Ehrengrab (siehe auch Seite 85), das die Stadt Feuerbach dankbar zuerkannte. Ehrenbürger wäre er wohl mit Sicherheit geworden, aber seit 1. Mai 1933 ist Feuerbach ein Stadtteil Stuttgarts geworden.

Mathilde Kallee war ihrem Richard eine liebe Frau gewesen. Sie soll eine überdurchschnittliche Köchin gewesen sein. Das will etwas heißen in Feuerbach! Ihr legendärer Schokolade-Pudding bringt heute noch ihren Enkel Ekko ins Schwärmen. In den schlimmen Zeiten des Kohlrüben-Winters 1917 und der folgenden Jahre hat sie ihrem Mann die letzten Bissen zugeschoben. „Ich halt' mich an den Wein", soll sie scherzend gesagt haben. Er steht treu zu ihr, als sie mit dem Alkohol ernste Probleme bekommt. Ihrer beider Kummer ist offenes Geheimnis im Städtle, was allermeistens liebevoll hingenommen wird. Ein bitterböser, nicht einmal anonymer Brief fristet ein unrühmliches Dasein in den Personalakten beim Oberkirchenrat.

Bei Pfarrers hatte es viele gute und frohe Zeiten gegeben, ihre „finsteren und heiteren Lose" waren gemischt. Heiter war's immer in der Mittwochsgesellschaft, von deren kultivierter Geselligkeit wir gehört haben. Die kleine Wirtstochter in der „Rose" erinnert sich,

Tischrunde der Mittwochsgesellschaft am 16.09.1912 im Bahnhotel, nach dem Königsbesuch in Feuerbach. Vordere Reihe v. li.: Stud. Dir. Eugen Geiger, Pfr. Kallee, Hofwerkmeister Ludwig Fahrion, Alt-Schultheiß Friedrich Veit, Bm. Wilhelm Geiger sowie Vertreter der Regierung. In der hinteren Reihe sind zu erkennen (v. li.): Fabrikant K. Model, Gärtner Sandherr, Kfm. W. Boepple, W. Gerlach, Fabrikant P. Schmierer sowie Fabrikant K. Schneider.

wie Frau Kallee lachend die Rechnung beglich für „mei Leberle und meim Mann sei sauers Herz". Elsbeth Lassen, geb. Katz, hat es mir erzählt. Sie wohnt noch dort, wo vor dem Bombenkrieg die „Rose" war, beim Alten Friedhöfle.

Das Dritte Reich hat bei Richard Kallee nur sehr verhaltene Hoffnung ausgelöst. Sein ältester Bruder Karl, der als Baurat einige Bahnhöfe zwischen Stuttgart, Heilbronn und Jagstfeld gebaut hatte, wird in Briefen meist – frischfröhlich und in Schiller'scher Manier – mit „Lieber Karl Moor und Familienoberhaupt" tituliert. Nun schreibt er düster: „...Und mit banger Sorge sehen wir in eine böse Gegenwart und noch schlimmere Zukunft. Wie wird es uns und all

Städt. Heimatmuseum
Feuerbach (Württ.)
Bismarckstr. 157
Vorstand: Stadtpfarrer a.D. Kallee

Feuerbach 2. Sept. 1931.

Lieber Karlemann
und Familienhaupt!

Laß Dir unsere herzlichsten guten Wünsche zu deinem Wiegenfest zurufen! Wenn ich Deine immer noch gleich schöne Handschrift ansehe, merke ich mit Freuden, daß wir alles Recht haben, zu glauben, daß es noch lange nicht Dein letzter Geburtstag ist. Aber freilich, getrübt ist er eben, weil es so still um Dich geworden ist. Mit Wehmut gedenken wir, mit Dir, wie wir es einst so schön hatten, in unserm Elternhaus, und dann in unserem eigenen Haus. Und mit banger Sorge sehen wir in eine böse Gegenwart und noch schlimmere Zukunft. Wie wird es uns und allen den Unsrigen in den nächsten Jahren ergehen. Ich zittere

Kopf eines Briefes Richard Kallees an seinen Bruder Karl.

Gottlob Bofinger, Feuerbacher Wengerter, Anfang der 1930-er Jahre.
Das Foto wurde nach Vermutung des Enkels Rainer Kunzi von Hugo Kunzi sen.
in Auftrag gegeben bei der Firma Dr. Julius Hauff.

Das alte Feuerbacher Pfarrhaus mit dem von Pfarrer Kallee angelegten „historischen" Vorplatz, auf dem die drei Steinkreuze und der Stein am Eingang des alten Kirchhofs, die später unter dem Vordach des Heimatmuseums Platz fanden, wo sie heute noch stehen, abgebildet sind. Gemalt im Jahre 1920 vom damals 12-jährigen Walter Schippert. Mündliche Überlieferung: „Er saß, mit dem Zeichenblock auf den Knien, an der Kirche und zeichnete das alte Pfarrhaus ab, bis ins kleinste Detail. Pfarrer Kallee kam aus der Kirche, schaute ihm über die Schulter. „Ja Bua, du kannsch aber fei' male'!" Aus dem ersten Gespräch entwickelte sich eine großväterliche Freundschaft und Zusammenarbeit. Der begeisterungsfähige Walther (das „h" in seinem Vornamen hatte er damals von seinem Idol, dem Herrn Stadtpfarrer, übernommen, der ihm vom althochdeutschen „Walthari", „der im Heere waltet", erzählt hatte), wurde ihm, dem Archäologen, über viele Jahre ein treuer Helfer bei seinen Ausgrabungen und beim Beschriften seiner Funde – und ein gern gesehener Gast im Pfarrhaus und später im Heimatmuseum. Auch Frau Kallee mochte den Walther, und er lobte ihre Küche „über den Schellenkönig".

(Überliefert von Frau Gertrud Schippert, der Witwe von Walther.)

den Unsrigen in den nächsten Jahren ergehen. Ich zittere für meine Kinder und Enkel. Und doch kann ich nicht glauben, daß unser Herrgott uns Deutsche ganz verlassen wird. Wie oft sagte unser Vater: ‚Es kommt immer ganz anders, als die gescheidtesten Leute meinen.' – Und ich kann den Glauben an eine göttliche, ausgleichende Gerechtigkeit nicht aufgeben..." (Ausschnitt aus dem Brief an den Bruder mit dem Heimatmuseum im Briefkopf).

Während der sogenannten „guten Jahre" am Beginn des 20. Jahrhunderts – Kaiser Wilhelm II. hatte seinem Volke gar verheißen: „Ich führe euch herrlichen Zeiten entgegen!" – hatte Feuerbach an der Spitze der evangelischen Kirche einen Pfarrer Kallee auf der Höhe seiner Schaffenskraft.

Seine Gemeinde befand sich in einer tiefgreifenden Veränderung des altüberkommenen Zustandes einer bäuerlichen Wirtschaft. Das trotz allem „Wuhlen" auf dem Feld und im Wengert im ganzen doch beschaulich Ruhige wich einer Betriebsamkeit, für die man nur das Wort „Streß" noch nicht hatte. Einfaches Handwerkszeug und im Vorspann Kühe und Pferde hatten vordem das Tempo bestimmt. Die Arbeit draußen in der stillen Natur verlagert sich nun in Fabrikhallen mit drängenden Maschinen und dröhnenden Motoren. Konjunktur und deren psychologische Auswirkungen werden das Gesetz modernen Lebens.

Höhepunkte der Stadtgeschichte Feuerbachs: 1907 und 1912

Im Jahr 1907 erhielt Feuerbach das Stadtrecht durch König Wilhelm II. Eugen Geiger besingt in seinem Feuerbachlied die Freude der Bevölkerung und in verdichteter Form die wirtschaftliche Entwicklung:

„Von Platz und Gassen klingt ein Brausen,
Die Hämmer dröhnen, Räder sausen.
Hier ist kein Platz zum stillen Träumen,
Die Pflicht erfüllend ohne Säumen:
Hier lebt ein emsiges Geschlecht."

Steigende Güterproduktion und mehr Geld im Umlauf wecken Wünsche und Erwartungen. Soziale Spannungen sind unausbleiblich. Dem selbstbewußten „Halt dei Gosch, i schaff beim Bosch" folgt wenig später das „Hättsch dei Gosch ghalta, no hätt di dr Bosch bhalta."

Die spürbare Änderung der seelischen Werte samt dem Generationenproblem werden zu Themen in Kallees Seelsorge, nicht nur seiner inhaltsreichen Kanzelpredigten. Der Unermüdliche arbeitet bei der Planung und Durchführung der Feierlichkeiten zur Stadterhebung maßgebend mit. Sein Festgottesdienst in der – nunmehr – „Stadtkirche" am 1. September 1907 eröffnet die Stadtfeier. Der Festzug mit 67 Gruppen bewegt sich umjubelt durch die rot-weiß beflaggte Stadt zum Festplatz auf der Eyche. Am Karlsplatz, der heute den Namen des trefflichen Stadtvorstands und Oberbürgermeisters Wilhelm Geiger trägt, findet die Grundsteinlegung zum neuen Rathaus statt. Alle Feuerbacher Gesangvereine preisen den Tag und

Festzug bei der Stadterhebungsfeier 1907.

Der festlich geschmückte Platz beim stattlichen Feuerbacher Rathaus.

Das Gelände der Gewerbeausstellung 1912. Im Gebäude hinten rechts zeigte Richard Kallee die Exponate aus seinen Grabungen. Links die „Realschule", heute Leibniz-Gymnasium.

danken Gott mit Mozart und Beethoven – und mit Feuerwerk. „Ein Denkmal sei's der Bürgertreue, ein Zeichen fester Einigkeit."

Viele andere gute Verse schrieb Eugen Geiger zum Lobpreis seiner Stadt. Sogar ein richtiges Festspiel, in dem ehemalige Konfirmandinnen von Kallee, z.B. meine Tante Friederike Schneider, die spätere Prokuristin der Verzinkerei Schneider, allegorisch die Glückwünsche der „Industrie" rezitierte. Den Festgruß der „Landwirtschaft" sprach Johanna Aldinger, auch sie repräsentativ für ihre Gärtnerfamilie, und die Schlußworte Elisabeth Fahrion im Gewande der „Feuerbachia". Ihr Vater Ludwig Fahrion war Gründungsmitglied und langjähriger Vorstand des Gewerbe-Vereins, ihr Bruder Alfred Fahrion, Baumeister und Stuttgarter Stadtrat, Wiederbegründer des Vereins nach dem Zweiten Weltkrieg.

Empfang des Königs. Rechts in der Gruppe Pfarrer Kallee und dessen Freund Dr. Hauff.

Fünf Jahre später ist aus Feuerbach ein erneuter Höhepunkt seiner Geschichte zu vermelden. Der eben erwähnte Gewerbe-Verein – übrigens aus der Mittwochsgesellschaft hervorgegangen – hatte 25 Jahre für die Gemeinde Feuerbach höchst segensreich gewirkt. Aus diesem Anlaß initiierte Ludwig Fahrion das wirtschaftlich und heimatgeschichtlich bedeutsame Ereignis einer Gewerbeausstellung in der von Bonatz erbauten Festhalle im August und September 1912. Zusammen mit den eindrucksvollen Produkten der heimischen Industrie von 180 Ausstellern waren Richard Kallees Exponate seiner sensationellen Gräberfunde in einer Sonderschau vorgesehen. Formvollendet und termingerecht erscheint sein Büchlein „Feuerbach in der Urgeschichte, Vorgeschichte und Frühgeschichte – Führer für die Feuerbacher Altertümersammlung“ und kostet 30 Pfg.

Am ersten Sonntag zählte man bereits 20000 Besucher. Die württembergische Fachpresse: „...diese Ausstellung geht über das hinaus, was man sonst bei rein lokalen Ausstellungen zu sehen gewohnt ist." (Jürgen Hagel, „Vom Weinbaudorf zum Industriestandort", Stuttgart 1991).

Das Hauptereignis war der Besuch von König Wilhelm II. am 16. September, zu dessen festlichem Empfang durch die bürgerlichen Kollegien symbolisch eine Riesenbrezel aus der Backstube Häussermann (heute Widmann) figurierte. Der Monarch, der in Tübingen auch Geschichte studiert hatte, nahm sich Zeit, die Exponate von Richard Kallee in der Sonderschau sich zeigen und eingehend darüber informieren zu lassen.

Unter den größten der gewerblichen Aussteller war Robert Bosch. Seit 1910 hatte er mit seinem Lichtwerk den Lipp'schen Bau der Klavierfabrik bezogen. Der Unternehmer Bosch und der Pfarrer Kallee hatten, bei allen offenkundigen Unterschieden, den Ort ihrer Jugend in der Stuttgarter Rotebühlgegend gemeinsam. Und Albert Bosch, der sympathische Freund während der Hohenloher Zeit Richard Kalles, war, wie wir wissen, der Bruder des großen Robert Bosch.

Dr. Albert Kallee, Sohn des Pfarrers, auch Jäger wie Robert Bosch, hatte von diesem eine eindrucksvolle Jagdtrophäe als Geschenk bekommen, die heute beim Enkel, Prof. Dr. Ekkehard Kallee, in Ammerbuch bei Tübingen steht. Von ihm habe ich erfahren, daß Robert Bosch den Richter Dr. Albert Kallee in Arbeitsgerichtsprozessen als sachkundig und beschlagen besonders geschätzt habe, weil er so „wohl vorbereitet" gewesen sei. Das hat Bosch sehr imponiert.

Bei den Gemeinderatswahlen 1918 in Feuerbach war der damalige Gemeinderichter Dr. Albert Kallee für die liberale Deutsche Demokratische Partei erfolgreich, zusammen mit Tiefbau-Unter-

Dr. Albert Kallee.

nehmer Niethammer, Baumeister Fahrion, Hotelier Haffner, Rektor Stumpp, Fabrikant Reichle, Schmiedemeister Schwarz und Bankkassier Kohlmeier. In Rededuellen schlug er sich tapfer mit der starken Fraktion der Kommunisten in Feuerbach.

Die Chronik Feuerbach 1899–1933 bringt ein anschauliches Beispiel dafür: „Während der Gemeinderatsverhandlungen über die Einwohnerwehr fielen bei der scharfen Rede des demokratischen Stadtrates Dr. Kallee von der Tribüne Zwischenrufe wie: Werft ihn hinaus! Haut ihm den Ranzen voll! Hängt ihn an einem Laternenpfahl auf!" (Verfasser dieses Teils der Chronik war Rektor Stumpp).

Der Stadtpfarrer Richard Kallee: eine persönliche Erinnerung

Dr. Herbert Brauch, mein verehrter Freund und Bundesbruder in der Tübinger Verbindung „Stochdorphia", die dem Roigel nahe steht, hat meine Bitte erfüllt, mir zu erzählen, was ihm als Zeitzeuge von Richard Kallee in Erinnerung ist. Seine anfänglichen Bedenken mit dem berechtigten Hinweis auf sein Alter von 95 Jahren hat er überwunden, wofür ich ihm von Herzen danke. Durch sein außerordentliches Gedächtnis gelingen uns persönliche Züge des Pfarrers und Geschichtsforschers, beobachtet von einem gescheiten, hellwachen Jungen.

Herbert Brauch war Oberstudiendirektor des Schickhardt-Gymnasiums und Geschäftsführender Schulleiter der Stuttgarter Gymnasien, heute noch ist er Ehrenvorsitzender der Tübinger Musikverbindung Stochdorphia und Ehrenpräsident des traditionsreichen Stuttgarter Liederkranzes.

Wissenschaftlich verdankt Herbert Brauch seinem Pfarrer Kallee sogar die Anregung zu seiner Tübinger Doktorarbeit. In einem der zahlreichen historischen Gespräche sagte der Stadtpfarrer (1929): „Den Dingen sollte man von Grund auf streng wissenschaftlich nachgehen. Wie wäre es, wenn du die Feuerbacher Flurnamenforschung zum Gegenstand einer Doktorarbeit machen würdest?" – So geschah es auch, und die Promotion zum Dr. phil. war am 17. Dezember 1932, am Tage vor Richard Kallees 78. Geburtstag. Ein Duplikat der Urkunde lag druckfrisch auf seinem Geburtstagstisch im Heimatmuseum.

Hier ein Auszug aus den „Gedanken und Erinnerungen an Richard Kallee", erzählt von Herbert Brauch:

Dr. Herbert Brauch.

„Die erste Erinnerung an den Herrn Pfarrer ist die des 5 1/2 jährigen Herbert am 12. April 1915, im zweiten Kriegsjahr, die ‚Beerdigung meines Schwesterchen Marianne'. Eine mit zwei Pferden bespannte schwarze Kiste auf vier Rädern fuhr vor unser Haus, ein Herr mit großen Brillengläsern steigt aus, in einem schwarzen Mantel, der bis zu den Schuhen ging, und einem schwarzen Hut auf – es war Stadtpfarrer Kallee. Daß das Gefährt eine ‚Chaise' war, der Mantel ein ‚Talar' und der Hut ein ‚Barett', sagte mir meine Mutter später.

Beim Ade-Sagen legte mir der Herr Pfarrer die Hand auf den Kopf und sagte: ‚Nun mußt du aber besonders lieb zu deiner Mutter sein, wenn dein Vater im Krieg ist und dein Schwesterle beim lieben Gott.'

Später – ich trug schon die Mütze der 3. Realklasse – ging ich in den Zuhörunterricht zu Pfarrer Kallee. Durfte auch sonst zu ihm ins Pfarrhaus, um den Kirchenschlüssel zu holen zum Glockenturm und zur Orgel, die zu spielen er mir freudig erlaubt hatte. Ich konnte nämlich schon Klavier spielen, beim Oberlehrer Eichele hatte ich das gelernt, später bei Fräulein Elise Pfeiffer, der Schwester des Feuerbacher Tanzlehrers. Wenn im Pfarrhaus niemand da war, durfte ich den Schlüssel auch beim Mesner Mauch abholen, der in dem kleinen Haus an der Kirchstaffel wohnte. Richtig auf der großen Orgel spielen, wollte ich für mein Leben gern, so mit Register und allem Drum und Dran. Zuerst lernte ich beim Reallehrer Hegele, dann bei Herrn Walter, der richtiger Organist war, in der großen Cannstatter Stadtkirche.

Manchmal begleitete mich mein Großvater zu meinen Stunden. Ihm machte es Spaß, mir die Orgel d. h. den Blasbalg zu treten. Zwar hatte die Orgel schon elektrischen Strom, seit 1910, dem Jahr, als Bosch nach Feuerbach kam. Aber wir wurden gelobt, wenn wir Strom sparten.

Bald war ich Pfarrer Kallees „ehrenamtlicher Hilfsorganist", zuerst nur bei der Christenlehre für die Neukonfirmierten, nach dem Hauptgottesdienst. Das ging, bis ich im Sommer-Semester 1927 mit dem Studium anfing. Einmal hatte ich mit meinen Feuerbacher Schulfreunden Kurt Löffel und Reinhard Joos (beide Violine) und Kurt Hegele (Cello) in der Stadtkirche musiziert. Über dieses Benefiz-Konzert hat sich Pfarrer Kallee über die Maßen gefreut.

Manchmal rief mich Pfarrer Kallee bei der Schlüsselrückgabe zu sich in sein Studierzimmer und unterhielt sich mit mir: über Persönliches und über die Schule. Von meinen Fortschritten in Latein war er besonders angetan, und er versäumte es nie, mir das eine oder andere lateinische Sprichwort mit auf den Weg zu geben. Unvergesslich ist mir seine Erläuterung des lateinischen ACI (Akkusativ mit Infinitiv), bei der er zitierte: ‚Caesar videns portam esse completum iuxta navigavit.' Seine klassische Übersetzung ist mir bildhaft bis ins hohe Alter geblieben: ‚Als Caesar sah, daß der Hafen voll war, schiffte er daneben'."

Spaß beiseite! Herbert Brauch fährt nunmehr seriös in der Einschätzung des allgemein Verehrten fort: „Selten habe ich einen Menschen getroffen, der so vielseitig und allgemein interessiert war wie unser Pfarrer Kallee, und es ist erstaunlich, wie er seinen wissenschaftlichen Neigungen nachgehen konnte auf den Gebieten der Landes- und der Volkskunde, der Geschichte und der Archäologie, ohne sein Seelsorgeramt zu vernachlässigen.

In meine Orgelspielzeit fiel auch der Tag meiner Konfirmation durch Pfarrer Kallee im Jahr 1923."

Bei der Niederschrift dieses Datums, eines Epochejahres der deutschen Geschichte, fühlt sich der Verfasser der Kallee-Biographie gedrängt, auf die Schwere jener Zeit hinzuweisen. Im Herbst 1923 ging die deutsche Währung auf den Inflationshöchststand, verursacht durch die Ruhrbesetzung der Franzosen und den daraus resultierenden deutschen Generalstreik.

Im November 1923 sah sich die Regierung Stresemann gezwungen, die Währung drastisch umzustellen: 10 Milliarden Mark wurden 1 Pfennig, 1 Billion wurde 1 Reichsmark. Was das für die Menschen bedeutete! Die Selbstmordrate in Deutschland übertraf alles in der Geschichte Dagewesene. Welches Leid der Seelsorger Kallee in dieser Zeit verkraften und dabei seine Mitmenschen trösten mußte, ist unvorstellbar.

Das Leben geht weiter. Herbert Brauch berichtet aus dem gleichen Jahr von der Goldenen Hochzeit seiner Großeltern:

„Da zogen 18 Paare, die Männer in Gehrock und Zylinder, durch Feuerbach zur Stadtkirche, wo Pfarrer Kallee das „Jubelpaar" erneut einsegnete. Da er seine Ansprache sitzend hielt, wurde mir deutlich, daß er ein schwereres Leiden gehabt haben mußte. Da kam nämlich nach dem Gemeindegesang nicht etwa der Pfarrer auf die Kanzel, sondern Mesner Mauch mit einem Stuhl, zu dem er dann den Pfarrer hinführte, und als dieser saß, schlug er eine große wollene Decke um Leib und Beine des Geistlichen. Dieser hatte mir gegenüber nie über Schmerzen geklagt, aber bei späteren Besuchen im Heimatmuseum mußte ich mit Bedauern feststellen, daß er sehr leidend war.

Der 67-Jährige trat nach 27 Jahren Feuerbacher Kanzel und Kirchenamt in den ‚Ruhestand', wobei dieses Wort für den voller Pläne

Am 4. November 1926 wurde das Heimatmuseum an der heutigen Wienerstraße, Ecke Kapfenburgstraße, eingeweiht.

steckenden Stadtpfarrer a.D. ein Fremdwort wurde. So vieles mußte gesichtet, geordnet, beschriftet, registriert – und untergebracht werden. Mit Feuereifer und treuen Helfern machte sich der gesundheitlich Angeschlagene ans Werk und konnte, dank der Großzügigkeit der Stadt Feuerbach, im Neubau an der Bismarckstraße (heute Wienerstraße), Ecke Jägerstraße (Kapfenburgstraße), ein „Heimatmuseum" einrichten, das am 4. November 1926 eingeweiht werden konnte.

An dem 70-Jährigen hatte sich das Wort Schillers aus dem ‚Wallenstein' bewahrheitet: ‚Es ist der Geist, der sich den Körper baut.' Sicher hat die Freude und Genugtuung über das gelungene Werk dazu beigetragen, daß sich der Unermüdliche noch sieben Jahre der Leitung und Betreuung des zwar kleinen, aber feinen Museums hingeben konnte.

Auch im neuen Heim der Kallees im 1. Stock des Heimatmuseums war ich gern gesehener Besuch und verbrachte unterhaltsame und anregende Stunden mit dem großväterlichen Freund, der mich nach wie vor mit der altdeutschen Form meines Vornamens als ‚Haribert' anredete. Im neuen Wohnzimmer war es behaglich und heimelig wie eh und je im Studierzimmer des Pfarrhauses.

Der Gastgeber saß in einem großen Polstersessel mit Ohrbacken, in eine warme Decke gepackt, wie damals auf der Kanzel. Auf dem Tisch brannte immer eine Kerze, an der er seine leicht ausgehende, lange dünne Virginia-Zigarre mit Strohhalm-Mundstück erneut zum Brennen brachte.

Auffällig war, daß ich Frau Kallee im neuen Heim nie zu Gesicht bekam; ich vermute, daß sie bettlägrig war. Wohl war Fräulein Elsa Federschmied, die den Hausherrn und seine Gäste aufmerksam und liebenswürdig betreute, auch die Pflegerin von Frau Kallee.

„Als der Stadtpfarrer a.D. Richard Kallee am 15. Juli 1933, drei Wochen nach seiner Frau, seine Augen für immer schloß, verlor die Stadt Feuerbach, die seit 1. Mai ein Stadtteil Stuttgarts geworden war, einen ihrer markantesten und bedeutendsten Einwohner: einen charakter- und geistvollen Menschen, der etwas Aristokratisches an sich hatte, ohne sich von der Allgemeinheit auszuschließen. Er war sich seines Wertes bewußt, ohne überheblich zu sein. Seine Herzensgüte und Menschenliebe, sein gesunder Humor machten ihn als Seelsorger auch bei den einfachsten Menschen beliebt, die nichts von seiner geistigen Größe und Vielseitigkeit ahnen konnten. Ich selbst habe sein Andenken bis zum heutigen Tage in großer Dankbarkeit in meinem Herzen bewahrt".

Soweit die Schilderung von Herbert Brauch.

Dies wäre ein würdiger Schluß der Lebensgeschichte von Richard Kallee, die in Momentaufnahmen nachzuzeichnen, ich versucht habe: verwoben in die Saga seiner Familie, namentlich seines geliebten und vorbildlichen Vaters, und seiner Gemeinde in Feuerbach, die 37 Jahre seine Heimat war.

Allein, bei ihm, dem die Vergänglichkeit beherrschendes Lebensthema war, bin ich schuldig zu fragen: Was bleibt von seinem erfüllten Leben?

Bilanz von Forschungen und Ausgrabungen

Mit dem Heimatmuseum, das seine geborgenen Schätze beherbergte, wollte die Stadt Feuerbach ihrem verdienten Forscher ein Denkmal setzen.

Bei der feierlichen Eröffnung des Heimatmuseums sagte Stadtbaurat Holstein:

„Bescheiden ist der Raum, wie es sich ziemt in der Zeit der Wohnungsnot. Er soll nicht Selbstzweck sein, sondern nur Hülle für einen wertvollen Kern", als er die Schlüssel an Oberbürgermeister Geiger übergab. Dieser würdigte in seiner Rede, die den Dank der Stadt Feuerbach zum Ausdruck brachte, besonders Pfarrer Kallees „Energie, Liebe und Sachkenntnis".

Zum Goethe-Wort über dem Raum: „Manches Herrliche in der Welt ist im Krieg und Streit zerronnen; wer beschützt und erhält, hat das schönste Los gewonnen", führte Richard Kallee aus: „Mir ist das schöne Los zuteil geworden, beschützen und erhalten zu dürfen. Dafür danke ich heute Gott dem Herrn gerührten Herzens."

Richard Kallee hat bewiesen, daß das Dorf Feuerbach die Gründung einer alamannischen Sippe gewesen ist. Die wichtigsten Stücke seiner Funde sind eine Scheibenfibel aus gestanzter Bronze mit dem Bildnis des Frankenkönigs Theudebert (536–548 n. Chr.) und eine vergoldete Bronzemünze des Frankenkönigs Pipin, des Vaters Karls des Großen (um 750); um diese Zeit begrub man also hier noch heidnisch. „Alle Toten lagen in einer Richtung, Kopfende im Westen, doch so, daß der Blick der aufgehenden Sonne, die das Licht bringt, zugekehrt war. Aus weiteren Funden z. B. Wurzeln von Bäumen am Ort der Gräber darf der Schluß gezogen werden, daß

Zwei der Helfer Richard Kallees bei den Feuerbacher Ausgrabungen.

der alamannische Friedhof einst ein hainartiger Anger war: Mächtige Eichen leisteten Schutz und spendeten Schatten. Ihr mächtiges Geäst hielt Zwiesprache mit Wotans Heer, wenn er in den 12 Nächten mit Brausen durch das Land seiner Getreuen zog..." So der in der Chronik Feuerbach wiedergegebene Redetext Richard Kallees.

Bei der Zwangseingemeindung am 1. Mai 1933 übernahm die Stadt Stuttgart mit dem Heimatmuseum die Verpflichtung, „für eine abschließende Veröffentlichung der Funde auf dem alamannischen Friedhof in Feuerbach zu sorgen".

Wie die Landeshauptstadt dieser Verpflichtung nachgekommen ist, wird im Folgenden dargelegt. Zuvor muß jedoch die Beschwerde unseres Stadtchronisten und anerkannten Festdichters Karl Müller, der die Chronik Feuerbach aus der Sütterlinschrift der Geschichtsschreiber in Maschinenschrift übertrug und somit für alle, besonders auch für unsere Nachkommen, lesbar machte, angeführt werden. Karl Müller bemängelte als Feuerbacher das Verhalten der Stadtverwaltung: „Kallees unersetzliche Funde wurden auf mehrere Orte verteilt bzw. achtlos vernichtet, das Haus zweckentfremdet ... Die Stadt Stuttgart hatte kein Interesse mehr an dieser Sammlung gezeigt ... Wenn Feuerbach heute noch selbständig wäre, hätte man das Andenken an einen Mann wie Richard Kallee in Ehren gehalten." So weit, so schlecht. Ich bemühe mich, Positives zu sehen, weil, wie Manfred Rommel bei seinem Abschied vom Amt über womöglich Versäumtes sagte: „Eine Addition von Kirchturmspolitik bringt uns nicht weiter."

Nach dem Tod von Pfarrer Kallee hatte auf Bitten des Archivs der Stadt Stuttgart der renommierte Experte Konservator Dr. Oskar Paret, die Abfassung der nicht zum Abschluß gelangten Arbeiten des „verdienten Museumsgründers Kallee" übernommen. Er verwertete die von dem stellvertretenden Feuerbacher Verwalter des Museums, Oberrechnungsrat Theodor Mayer, sorgfältig verwahrten Vorarbeiten Richard Kallees.

Dr. Paret hat kompetent und vernünftig gearbeitet, indem er den Feuerbacher Grabungsbericht als Kernstück in eine zusammenfassende Gesamtdarstellung der alamannischen Gräberfunde im Boden von Groß-Stuttgart eingliederte und neueste Forschungen und Erkenntnisse zu einem Handbuch der alamannischen Frühzeit gestaltete. Für historisch Interessierte von heute die willkommene Fassung des historischen Wirkens von Richard Kallee unter dem Titel: „Die frühschwäbischen Gräberfelder von Groß-Stuttgart und ihre Zeit" (Veröffentlichungen des Archivs der Stadt Stuttgart, 15 Textbilder und 28 Tafeln, Stuttgart 1937).

Der gelehrte Fachmann Paret bescheinigt dem Amateur Richard Kallee außergewöhnlichen Kunstsinn und historischen Verstand. „Diesen mochte er von seinem Vater geerbt haben, der sich als Militär besonders für die Geschichte der römischen Besetzung interessiert und der durch Grabungen und Geländeforschungen die Kenntnis der Kastelle und des Limes gefördert hat."

Der einstige Chef des württembergischen Generalstabs, Eduard von Kallee, bereichert in der Tat mit seiner strategischen Studie über den germanischen Kriegsschauplatz der Römer die historische Wissenschaft durch disziplinierte Prägnanz und militärischen Sachverstand.

Das 115 Jahre alte Werk ist ein Juwel der Historiographie: Der archäologisch erforschte, strategische Plan aus dem Rom der Kaiserzeit wird zum Kunstwerk, das Kaiser Wilhelm II. nicht unbeeindruckt ließ und seine – kaiserliche – Unterstützung der Limesforschung beförderte.

Der Sohn Richard Kallee, der sich früh für die Seelsorge und eine friedlichere Laufbahn als Lebensberuf entscheidet, wurde gleichwohl vom leuchtenden Leitbild des Vaters geprägt. Auch er wird Historiker aus Leidenschaft wie der General im Ruhestand.

Der Stuttgarter Chefredakteur Jürgen Offenbach – im Feuerbacher Leibniz-Gymnasium mein hoffnungsvoller Schüler im Fach Englisch – schreibt in seiner Laudatio für Manfred Rommel, auch dieser ein Generalssohn, daß „ganz große Väter nicht schicksalhaft ihre Söhne klein machen". Eine weitere Parallele verdanke ich dem Chef der Stuttgarter Nachrichten: Daß der eigentliche – nie ausgesprochene – „Lebenstriumph" des Stuttgarter Oberbürgermeisters

„fernab des Amtlichen liegt". Daß im günstigen Fall „die zweite Generation der ersten ebenbürtig sein kann, wenn auch mit anderen Mitteln: nach dem Feldmarschall der große Zivilist." Eduard von Kallee war „nur" Generalmajor gewesen. Darum verschiebt sich meine Ebene des Vergleichs in die bescheidenere Dimension.

„Wer schreibt, der bleibt." Schon 1884 schrieb Richard Kallee Bücher über den protestantischen Kirchenbaustil und über württembergische Frauenklöster. Der Untertitel des letzteren, „Die Ausbreitung des römischen Ordenswesen in Süddeutschland", deutet darauf hin, daß der „liberale" Theologe sich seine Gedanken zu Bismarcks Kulturkampf macht: auf der Seite des Eisernen Kanzlers gegen das „Ultramontane."

Pfarrer hatten unpolitisch zu sein, in damaliger Zeit. Bezeugt ist mir jedoch von Flaschnermeister Emil Bott, daß Pfarrer Kallee in den zwanziger Jahren an Wahlversammlungen von Dr. Eugen Bolz, Zentrum, teilgenommen habe.

Kallee war konservativ im patriotischen Sinne. Er war auch liberal. Angesichts der ansehnlichen Fraktion der Pietisten in seinem Kirchengemeinderat, zog er es vor, seinen Lieblingswitz über den Pietismus nur hinter vorgehaltener Hand zu erzählen. Hier und heute kann und darf ich ihn darbieten: „Der pietistische Pfarrer läßt seinen Vikar montags kommen und stellt ihn zur Rede: „Sie, im Dorf wird erzählt, daß Ihne der Wein am Sonntag bei der Hochzeit im Ochsa so guat g'schmeckt häb." – „Aber Herr Pfarrer", sagt der Vikar mit rotem Kopf: „Auch der Herr Jesus hat sogar bei der Hochzeit zu Kana aus Wasser Wei' g'macht!" – „Des war aber au net sei bests Stückle!" Damit gelang es Kallee, die pietistische Philosophie zu umreißen.

Später veröffentlichte Richard Kallee die Erlebnisse und Erinnerungen seines erfolgreichen Vaters unter dem Titel „Aus der politischen Biedermeierzeit". Die erste Hälfte war als Manuskript des Vaters vorhanden; das waren die offiziellen, die militärisch-staatspolitischen Erinnerungen. Die zweite schrieb der Pfarrersohn nach des bewunderten, genialen Vaters Erzählungen: per usum familiarem – zum Familiengebrauch, die mehr privaten Erlebnisse in Offiziers- und Hofkreisen, mit König Wilhelm I. von Württemberg.

Die Geschichte Feuerbachs, Richard Kallees Heimat und Arbeitsort seit 1896, liegt ihm besonders am Herzen. Er stellt sich der Denkmalpflege zur Verfügung. Sein Forschertrieb, gepaart mit einem glückhaften Spürsinn, läßt ihn 1903 die vorgeschichtliche Befestigung auf dem Lemberg entdecken.

Um die gleiche Zeit spürte sein Sohn, Dr. Albert Kallee, den alten Ringwall über dem Lindentäle bei Weilimdorf auf. Der spätere Tübinger Landgerichtsdirektor und Professor für Arbeitsrecht wurde – in der dritten Generation – ein erfolgreicher Amateur-Archäologe im besten Sinne.

1904 treten in Feuerbach die alamannischen Gräber zutage, deren Erforschung sich Richard, der Pfarrer, bis an sein Lebensende (1933) widmete. Sie wurden das Herzstück seines Lebenswerks.

Um die frühere Eych-Staffel, die heute Staufeneck-Staffel heißt, spielt sich die ungeheure Arbeit von weit über hundert Ausgrabungen ab: es sind Funde „ungeschriebener Urkunden" längst vergangener Zeiten, für deren Detailvorstellung der Gesamtbericht von Dr. Paret sich empfiehlt.

Unsere alamannischen Vorfahren in unserer unmittelbaren Heimat waren imstande, solide Grabkammern zu bauen. Sie konnten unsere heimischen Steine brechen, behauen und mauern. Eigenartig berührt ist man bei diesem Blick in ein kleines Stück der Welt unserer Vorfahren vor gut 1300 Jahren: Hier als Beispiel in einer Kammer die Gräber 16, 17, 18.

Die Gräber 16, 17, 18 von Süden gesehen. Sandstein fand hier Verwendung, weil auf der Feuerbacher Heide, zu der wir heute allgemein „Killesberg" sagen, plattiger Schilfsandstein reichlich vorhanden ist. Im übrigen hatten die Alamannen eine Vorliebe für Holz, für Särge und aus Baumstämmen zugerichtete „Totenbäume", die natürlich zerfallen.

„Grab 16: Plattengrab mit Bodenplatten. 1,25 m lang, 0,45 m breit. Kind von 5 bis 7 Jahren. Halskette mit 22 Glasperlen (meist gelb, dann grün, rot, blau.) Die Fundlage zeigte Wechsel von kleineren und größeren Perlen. Schädel.

Grab 17: Die eine Längswand gemeinsam mit Grab 16, auch z.T. die Deckplatten. Wohl gemeinsame Bestattung. Kind von 10 Jahren. Halskette von 29 meist kleinen Glasperlen: gelb, blau, grün, blaurot. Messer mit 6 cm langer Klinge. Halsketten von 16 und 17 sehr ähnlich. Wohl Geschwister?

Grab 18: Trocken gemauert in 5 Schichten mit Deckplatten. Im Licht 2,0 m lang, 0,65 m breit, 0,60 m tief. Greis. Beigabenbestand nicht mehr genau festzustellen, ebensowenig Reste eines Schildbuckels, beim Kopf gefunden, 8 Riemen in Resten erhalten. 6 zungenartige Beschläge, 5 ovale Schnallen, 3 bis 5,5 cm breit. Eine 7 cm lange Pfeilspitze, 2 silberplattierte zungenförmige Stücke 5 cm lang. Einreihiger Beinkamm mit dünnem Griff. Graviert, schlecht erhalten."

Der betagte Krieger im „Ehrengrab", die beiden Kinder, wohl Mädchen, mit ihren Halsketten. Sagten sie wohl „Potter" dazu, wie wir in unserer Kindheit – eine altschwäbisch-alamannische Bezeichnung, die in der Zeit des Harry Potter in Vergessenheit geraten ist.

Der allzeit wache Geist des Pfarrherrn hat mit Sicherheit sprachliche Überlegungen in seine Reflexionen über die Vergänglichkeit mit einbezogen, die er seinen Grabungshelfern sinnreich erklärt: Das „Perlen"-Potter komme ja als Abkürzung von „Pater noster", gehe zurück auf den ebenfalls aus „Perlen" bestehenden Rosenkranz. Die frisch christianisierten Alamannen kannten diesen: als Requisit der Patres. Und zur Halskette sage man im Oberland auch „Nuster" oder „Nüsterle". Wiederum stünde „Pater noster" Pate.

So oder ähnlich hat der nimmermüde Genius des Pfarrers argumentiert. Er war Lehrer mit Leib und Seele, ein veritabler „Magister Germaniae" – für seine faszinierten Feuerbacher auf alle Fälle. Und er brachte seine Erkenntnisse auch unter die Leute. Über seine Ausgrabungen rechts und links der Rosenstraße (obere Stuttgarter Straße) hat der rastlos Tätige mehrfach berichtet. Dr. Paret hat es aufgelistet – mit Datum: Im noblen Schwäbischen Merkur hat Richard Kallee Feuerbach archäologisch beleuchtet im Jahr des Jahrhundertweins 1911, über den die Feuerbacher sich freuten. – Desgleichen hat er im Staatsanzeiger, den böse Zungen mitunter als „Staatslangweiler" bezeichneten, die Feuerbacher Sondermeldungen verbrei-

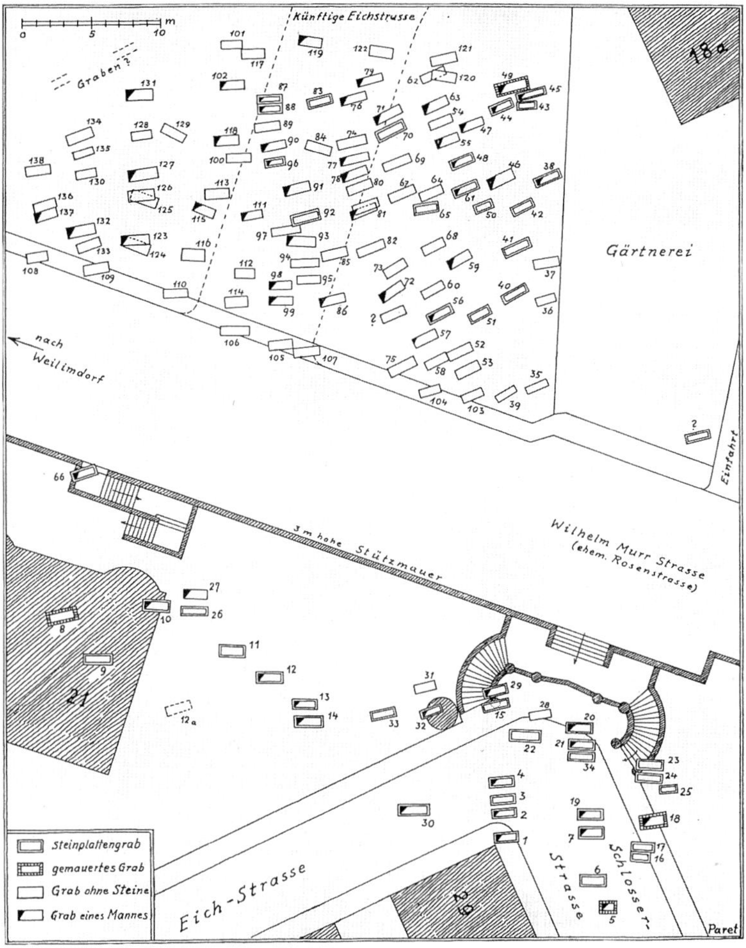

Das frühschwäbische Gräberfeld von Feuerbach.
Ergebnis der Grabungen 1904–1928.

tet. – 1913 erschienen Richard Kallees Artikel über die Feuerbacher Altertümersammlung im Stuttgarter Neuen Tagblatt, über die alamannischen Steingräber in den Feuerbacher Geschichtsblättern 1923. – Die Eröffnung des städtischen Heimatmuseums wurde mit Kallees Ansprache in der Feuerbacher Zeitung 1926 wiedergegeben. – Der „Boschzünder" brachte 4 Seiten über die Gräberfunde in Alt-Feuerbach in seiner Weihnachtsausgabe 1928.

In Dr. med. Reinhold Blind hatte Kallee bei den Grabungen einen hilfreichen Paladin zur Seite. Der Stabsarzt aus Weikersheim, der in Cannstatt Vertretungen machte, übernahm auch ab 1928 Teile der Schreibarbeit in der Feuerbacher Zeitung, namentlich über das alamannische Gräberfeld C im Gewand Kappelfeld nördlich der Rosenstraße, in den Feuerbacher Geschichtsblättern, Heft 6. Auch fertigte Dr. Blind einen Lageplan des Gräberfeldes mit dem Nachtrag seiner im November 1928 aufgedeckten Gräber 123 bis 128.

Der Mediziner Dr. Blind ließ es sich angelegen sein, eine größere Zahl von Skeletten zu untersuchen, um Näheres über die körperliche Beschaffenheit der Ahnen der Feuerbacher zu ermitteln. Bei wenigen konnte die Körpergröße genau festgestellt werden: bei 10 männlichen Skeletten von 1,58 bis 1,90 m, bei 13 weiblichen von 1,55 bis 1,76 m. Immerhin!

Den Befund der Zähne fand Dr. Blind unerwartet schlecht: nur bei 5 von 19 erwachsenen Schädeln konnten die Zähne als gesund bezeichnet werden. Auffallend: Viele der „Feuerbacher Alamannen" sind relativ hoch betagt gestorben. „Es war also ein zählebiges Geschlecht, abgehärtet in Sturm- und drangvollen Zeiten, das ein lebenskräftiges Erbe weitergeben konnte." Diesen Schluß zieht Gotthilf Kleemann, Historiker und Lehrer an der Bismarckschule.

Der aufopfernden Hingabe, mit der die beiden Forscher Kallee und Blind den alamannischen Friedhof von Feuerbach untersucht haben, sowie der Mithilfe der Stadt und besonders der Grundbesitzerin, Firma I. Hauff (Dr. Hauff war mit Kallee befreundet), hat Oskar Paret in seinem Werk über „Die Frühschwäbischen Gräberfelder von Groß-Stuttgart" ein würdiges Denkmal gesetzt. Ihr Kernstück sind die Alamannengräber von Feuerbach.

Am 12. November 2003 fand im Bonatz-Saal des Feuerbacher Bürgerhauses (neu im Areal der früheren Lederfabrik Roser) vor großem Publikum ein denkwürdiger Vortrag über unsere Frühgeschichte statt.

Initiiert durch Rolf Adam vom Bürgerverein Feuerbach, würdigte der Landesdenkmalpfleger Dr. Ingo Stork die einzigartige Leistung von Richard Kallee: „Ohne ihn wären die Gräber unserer alamannischen Vorfahren in den damals dringlich anstehenden Baumaßnahmen untergegangen."

Die Firma Hauff hatte auf dem Gelände zwischen der Staufeneck-Staffel und dem Feuerbacher Krankenhaus eine Reihe von Häusern für ihre leitenden Angestellten geplant. Dr. Julius Hauff, der gute Freund aus der Feuerbacher Mittwochsgesellschaft, geduldete sich – und finanzierte sogar die Ausgrabungen!

Ohne Richard Kallees tatkräftige Initiative zum richtigen Zeitpunkt und ohne sein bewundernswertes Durchhaltevermögen in der wissenschaftlichen Forschung wäre ein gut Teil der Kenntnis vom Leben unserer Altvorderen in Feuerbach vom Winde verweht: „vento flatus", um es in des Stadtpfarrers angestammtem Latein zu sagen. „Das Wissen aber um unsere Herkunft hilft, Gegenwart und Zukunft zu meistern."

Der Lokalhistoriker Gotthilf Kleemann legte in seinem Gedenken zum 100. Geburtstag von Richard Kallee ein Bekenntnis ab: „Mit Achtung und Stolz blickte man in der Gemeinde auf den

Mann, der so anregend und in bisher unbekannter Breitenwirkung tätig war. Fern einer oberflächlich-süßlichen Mache in Heimatstimmung wußte er ein gesundes Heimatgefühl zu wecken."

Beim Aufstieg aus dem heimelig-heimatlichen Tal der Schlußbetrachtung von Richard Kallees historischer Lebensleistung auf die europäische Ebene der Geschichte versichern wir uns gerne der anerkennenden Legitimation des Archäologen Rudolf Pörtner. In seinem Werk „Die Erben Roms" hält er die Feuerbacher Alemannengräberfunde für erwähnenswert:

„Das größte und ertragreichste Gräberfeld entdeckte die Stuttgarter Lokalforschung im Vorort Feuerbach. Ein gelehrter Amateur, der kunstsinnige und von seinem Vater her archäologisch „vorbelastete" Stadtpfarrer Kallee, legte nach mehreren Zufallsfunden an der Kreuzung der damaligen Rosen- und Schlosserstraße einen ganzen alamannischen Friedhof frei, insgesamt 102 Bestattungen."

Bei der Beerdigung von Stadtpfarrer a.D. Richard Kallee im Juni 1933 würdigte Stadtpfarrer Jöhre aus Cannstatt, an Hand des Textwortes Lukas 12, 48, die Persönlichkeit des Entschlafenen, seine hohe Rednergabe, seinen offenen, gesunden Charakter, „dem es nicht an Ecken und Kanten gefehlt" – über allem aber seine Liebe zur Heimat und ihrer Geschichte.

Für den Stuttgarter Oberbürgermeister Dr. Strölin legte Bürgermeister Paulus den Lorbeer mit schwarzgelber Schleife nieder – nicht in den guten alten Feuerbacher Stadtfarben rot-weiß. Emil Paulus, dessen Familie im 2. Stock des „Heimatmuseums" wohnte, sprach auch Freundesworte für den „lieben Nachbarn".

Weitere Nachrufe hielten Stadtpfarrer Hornberger für die Kirchengemeinde, ein Repräsentant der Abordnung der Tübinger Königsgesellschaft Roigel, sowie der Feuerbacher Fabrikant Konrad Model für den Schwäbischen Schillerverein, die Feuerbacher Vereine und

Das Ehrengrab der Familie Kallee auf dem Feuerbacher Friedhof. In der Nacht vom 14./15. Juli 1933 verschied Stadtpfarrer a.D. Richard Kallee im Alter von 78 Jahren, drei Wochen nach dem Heimgang seiner Frau Mathilde, geb. Wunderlich.

Kallees geliebte Mittwochsgesellschaft. Von den zahlreichen geschriebenen Nachrufen sei die Monatszeitschrift Württemberg genannt, in der Professor Peter Goeßler dem verdienten Heimatforscher und Heimatmuseumspfleger warmherzige Worte des Gedenkens widmete: „Kallee war geistig beweglich, vielseitig interessiert, rasch auffassend und fähig, was ihn bewegte, in geschickter Form als Redner und Publizist wiederzugeben."

Epilog über den Vater: Eduard von Kallee (1818–1888), Chef des Generalstabs – „Des Königs General"

In meinem Versuch, das Leben des Pfarrers Richard Kallee in Momentaufnahmen zu schildern, ist mehrfach angeklungen, welch große Rolle sein Vater Eduard von Kallee für dieses Leben spielte.

In der beträchtlichen Zahl historischer Veröffentlichungen Richard Kallees nehmen die Memoiren, die er für seinen Vater posthum 1921 herausgab, eine zentrale Stellung ein.

Am 26. Februar 1818 in Ludwigsburg geboren, ist General Eduard von Kallee am 15. Juni 1888 in Stuttgart gestorben. „Damit endete ein tatenreiches, bewegtes Leben – eine glänzende militärische Karriere, die vor der Zeit plötzlich abbricht."

23-jährig wird Leutnant Kallee Adjutant des württembergischen Generalstabschefs. Das ist so, wie wenn heute das Amt des Persönlichen Referenten in einer Staatskanzlei am Beginn einer Laufbahn stünde. Als Oberleutnant erhält er von Wilhelm I. den Kronorden und damit den Personaladel.

Mit 42 Jahren ist er Oberst in einem Alter, in dem die Kollegen seines Leutnantsjahrgangs erst den Rang des Hauptmanns geschafft haben. Das heißt, sie sind vier Rangstufen (und Gehaltsgruppen!) unter ihm. Dies in einer Zeit, als mancher bei Hofe noch der Meinung war, ein Bürgerlicher müßte mit dem Hauptmannsrang die Endstufe seiner Möglichkeiten erreicht haben.

Außerordentliche Vertrauensbeweise des Königs sind der Grund für dieses rasante Avancement. Allerdings auch höchste Bewährung

König Wilhelm I. von Württemberg und „des Königs General", Eduard von Kallee, Generalmajor und Chef des Generalstabs.

bei der Verwendung in schwierigen Situationen, z. B. während der unsicheren Tage der Revolution 1848/49 bei von Kallees „besonders delikater Mission" nach Karlsruhe.

Richard Kallee schreibt: „Der König erkannte frühzeitig seine (Eduards) scharfe Urteilskraft, seine Vielseitigkeit – als Privatlehrer für Reiten und Malen war ihm der Unterricht des Kronprinzen Karl anvertraut worden – , seine gründlichen Kenntnisse und seinen lauteren Charakter."

Paul Sauer, der in einmaliger Weise die Stärken und Schwächen dieses Königs porträtierte, untermauert die These des Sohnes Richard: „Wilhelm I. hatte für fähige Köpfe einen vorurteilsfreien Blick. Eine Günstlingswirtschaft gab es bei ihm nicht, und auch der Adel genoß keine Vorzugsstellung." Anmerkung des Autors: Wenn auch in der königlich protokollarischen Tischordnung die jungen Leutnants immer noch mit gestandenen Geistlichen rangierten – mögen diese noch so akademisch gebildet und gelehrt sein. Dieser Punkt löste begreiflicherweise beim selbstbewußten Pfarrer Kallee leises Befremden aus.

König Karl, der 1864 seinem Vater auf den Thron folgte, bewahrte dem einstigen Lehrer Sympathie und Wohlwollen. Er ließ durch ihn seine Thronbesteigung dem Kaiser Franz Joseph in Wien anzeigen, und – was noch wesentlicher war – er beförderte ihn zum Chef des Generalstabs. Aber er befolgte den Rat Eduard von Kallees nicht, der die waffentechnische Überlegenheit der preußischen Armee wie kaum ein anderer kannte, und ließ sich auf den Waffengang gegen Preußen ein. Im „7 wöchigen" deutschen Bruderkrieg erlebten im Sommer 1866 die Verbündeten Österreichs, Bayern und Württemberg, „ihr Königgrätz".

Die Gefechte bei Tauberbischofsheim und Gerchsheim machte General von Kallee gegen sein besseres Wissen und gegen seine feste Überzeugung mit, nachdem er bis zum Frühjahr 1866 als württembergischer Bevollmächtigter beim Deutschen Bund in Frankfurt vermittelnd tätig gewesen war.

In dieser Zeit fielen die Würfel in Stuttgart. Hofkreisen war es gelungen, die Sympathie König Karls für seinen einst geliebt-bewunderten Lehrer und Helfer anzusäuern. Richard Kallee vermutet den Kgl. Adjutanten, General von Spitzemberg, ein Jugendfreund des Königs, hinter dem Komplott, Mißtrauen und Abneigung zu säen. Württemberg bleibt an der Seite Österreichs – „Ich hab's dem Varnbühler doch versprochen", so der schwache König. Nibelungentreue?

Die Bitterkeit des Abschieds schlägt sich im Tagebuch des Generals von Kallee in Gedichten echter Tragik nieder. Erst 51 Jahre alt, widmete er sich bis an sein Lebensende künstlerischen und wissenschaftlichen Studien. 1870/71 übernahm er die kriegswissenschaftliche Mitarbeit an den Hallbergerschen Zeitschriften „Über Land und Meer" und „Vom Kriegsschauplatz". Sein klassisches Werk der Geschichtsschreibung, das der römischen Limesforschung die Bahn brach, hat den Namen des Generals durch „Wort, Stift und Schrift" weiten Kreisen bekanntgemacht und ihn auf immer mit der Geschichtsforschung unseres Landes und jener Zeit verbunden.

Geben wir der vorherrschenden Meinung in der Stuttgarter Historiker-Tafelrunde Raum für ein wohlfundiertes abschließendes Wort zur väterlichen Abstammung des Eduard von Kallee.

Die Indizien halten der Prüfung stand – als da sind: die außerordentliche Bevorzugung des jungen Offiziers, die starke äußere Ähnlichkeit mit dem Monarchen; und war es nicht noch vor siebzig, achzig Jahren in Stuttgarts eingeweihten Kreisen ein offenes Geheimnis, daß König Wilhelm I. der Vater des Generals und Limesforschers war? Zwar fehlen Brief und Siegel, und die Nachkommen haben schweigend darauf verzichtet, den königlichen Ahnherrn für sich in Anspruch zu nehmen.

Lassen wir uns an der mündlichen Überlieferung genügen, der heute zu einer gewissen Gültigkeit vorgerückten „Oral History", und folgen wir gern dem Gedankenschluß der Historiker-Runde, daß wir Nachgeborenen, hier und heute, für unseren Feuerbacher Stadtpfarrer getrost die „Großvaterschaft" einer hochkarätigen Persönlichkeit annehmen dürfen: Wilhelm I. von Württemberg.

Die historische Autorität unseres Freundes in der Tafelrunde, Prof. Dr. Paul Sauer, gibt dieser Annahme Gewicht. Er ist der profundeste Kenner und zuverlässigste Publizist der württembergischen Königsgeschichte.

Noch ein Wort – ein fast bedauernd letztes, weil die Fülle der Geschichten zur Landeskunde zum Weitererzählen verlockt – also, noch ein Wort zu den vier Königen, die Württemberg beschieden waren.

„Würde es nicht dem schwäbischen Sinn für Angemessenheit, Einfachheit und Bescheidenheit zuwider laufen, so könnte man die vier Könige Württembergs mit den folgenden Beinamen charakterisieren: Friedrich „der Starke“, Karl „der Schwache“, Wilhelm II. „der Gütige“ – Wilhelm I. aber wäre dann „der Große“. So Dr. Helmut Gerber, ein Mitglied und Freund der Tafelrunde, auch er (Helmut Gerber, Der Württemberg, DRW-Verlag Leinfelden-Echterdingen 2001).

Auf dem Württemberg, dem Rotenberg, kam mir der Ausspruch König Wilhelms beim Verfassungsstreit 1819 ins Gedächtnis: „Ich weiß von meinen Württembergern, daß die ersten Worte, die sie lernen im Leben, diese sind: „Noi, etta!“

Ich vermeinte, den alten Herrn zu hören: „Das sage ich jetzt auch, wenn ich dieses beachtliche Compliment über historische Größe höre. Im Grunde habe ich keine Bedenken – es stimmt!“

Schriftpsychologische Interpretation der Handschrift von Richard Kallee

Für das Schlusskapitel meiner Biographie von Pfarrer Richard Kallee verdanke ich der befreundeten Roswitha Klaiber die Diagnose seines Schriftbildes als Kurzgutachten.

Frau Klaiber ist eine international gefragte Expertin auf dem Gebiet der historischen Schriftpsychologie und Autorin zahlreicher Publikationen mit dem Schwerpunkt historischer Forschung. Sie war etliche Jahre 1. Vorsitzende der Deutschen Graphologischen Vereinigung e.V. und hat in jüngster Zeit u.a. die Handschrift Napoleons I. für das ZDF interpretiert. Roswitha Klaiber:

„Als ein Teilgebiet der Psychodiagnostik ist es Aufgabe der Schriftpsychologie, eine Handschrift im Hinblick auf ihre Strukturen und Potentiale, ihre Begabungen und momentane Befindlichkeit zu untersuchen. Das Schriftbild ist die einzige originale Lebensspur, die uns von einer historischen Persönlichkeit erhalten geblieben ist. Sie in ihrer Bedeutung zu erfassen, ist Aufgabe schriftpsychologischer Diagnostik.

Von Richard Kallee liegen Handschriften aus seiner Tübinger Studentenzeit, aus seinem mittleren und älteren Leben vor, die sich im Laufe seines Lebens variieren.

In seiner Studentenzeit sind sie geprägt von Begeisterungsfähigkeit und einfallsreichem Idealismus. Seine vielseitigen Interessen lassen ihn aufgeschlossen und lernbereit erscheinen. Sein Denken und Fühlen orientiert sich vorwiegend am gemüthaften, bildhaften und konkret Erfassbaren. Hier unterscheidet er sich von dem nüchtern intellektuellen Scharfsinn seines Vaters Eduard von Kallee, wie ihn dessen Schriftbild zum Ausdruck bringt.

Schriftproben seiner Amtszeit zeigen eine betonte Zügelung seiner Antriebe, eine Form der Selbstbeschränkung und Konventionalität, die nahezu innerseelischen Lähmungscharakter annimmt. Er scheint im Spannungsfeld seines optimistischen, nach Verwirklichung strebenden Lebensgefühls und einer möglicherweise schicksalhaften Lebenshemmung zu stehen.

Dennoch bricht seine aktive Seite immer wieder durch. Da will er hoch über sich hinaus und gerät in eine kindliche Begeisterung; seine idealistische Seite und auch sein Forschungsdrang ergreifen von ihm Besitz und wollen alle Fesseln sprengen. Der Tendenz, sich nicht so richtig entfalten zu können, wächst plötzlich eine Wunschkraft zu, die sich nicht mehr am Alltag orientieren will. Dieser Zwiespalt bewirkt Stimmungsschwankungen im Sinne einer „ungefilterten“ Hochstimmung und einer melancholisch gestimmten Vergeblichkeit, die ihm das Leben nicht leicht gemacht haben und trotzdem auf bedeutsame Lichtblicke seines Tuns hinweisen.

In der Altersschrift beobachten wir krankheitsbedingte Veränderungen in der Schreibmotorik, die auf ein Nachlassen der geistigen und vitalen Spannkraft hindeuten, wie auch auf krankheitsbedingte Prozesse“.

Zeittafel

1854, 18. Dezember
Richard Ernst Kallee kommt in Ludwigsburg zur Welt. Eltern: Eduard von Kallee, Generalmajor (letzter Dienstgrad) und Malwine geb. Majer

1860er und 1870er Jahre
Private Vorschulen, Eberhard-Ludwig-Gymnasium Stuttgart, Ev. Seminar in Blaubeuren, Universität Tübingen (Stift), theologische Dienstprüfungen mit Ergebnis III a.

1877, 7. Oktober
Ordination in der Stadtkirche zu Böblingen. Pfarrstellen in Michelbach/Hohenlohe und in der Stiftskirche der Residenzstadt Öhringen.

1880
Heirat mit Mathilde geb. Wunderlich, Tochter des Pfarrers Albert Wunderlich in Echterdingen. Zwei Söhne.

1806, 15. September
Übernahme der Pfarrei in Feuerbach, Investitur und Dienstantritt zur Kirbe-Predigt.

1903
Entdeckung der vorgeschichtlichen Befestigung und Fliehburg auf dem Lemberg.

1904 und folgende Jahre
Alamannische Grabungen, deren Auswertung sich Kallee bis an sein Lebensende widmet. „Kernstück archäologischer Forschung im Stuttgarter Raum".

1907, 1. September
Mit der Stadterhebung ist Kallee Feuerbachs Erster Stadtpfarrer. Sein Festgottesdienst eröffnet die Feierlichkeiten.

1912, 16. September
Besuch von König Wilhelm II. auf der Landesausstellung des Gewerbe-Vereins Feuerbach. Längeres Gespräch mit Kallee über dessen Exponate der Ausgrabungen.

1916, 16. Juli
Königin Charlotte besucht Kallees Kinderkrippe und zeichnet ihn mit dem Charlottenkreuz aus.

1923
Ende der Dienstzeit von Stadtpfarrer Kallee.

1926, 4. November
Einweihung des Feuerbacher Heimatmuseums. Direktion Stadtpfarrer a. D. Richard Kallee. Wohnung seiner Familie im Stockwerk darüber.

1933
Drei Wochen nach dem Tod seiner Frau Mathilde stirbt Richard Kallee am 15. Juli im Haus des „Heimatmuseums". Ehrengrab der Stadt auf dem Friedhof Feuerbach (nahe dem Ehrenmal für die Gefallenen der Weltkriege).

1938
wird die frühere Paulinenstraße in Feuerbach (beim Alten Kirchhöfle) in Kalleestraße umbenannt.

2004
Am 18. Dezember wird der 150. Geburtstag in der Mauritius Stadtkirche als Kallee-Fest gefeiert.

Danksagung

Der erste Dank, der wichtigste, gebührt Renate Fromm, deren Gefühl für Maß und Stil mich schon in Tübinger Studententagen beeindruckte. Das Kapitel der Stuttgarter Kindheit Kallees machten wir gemeinsam, was der Biographie den Grund legte. Auch ihre spätere sporadische Durchsicht meines Konzepts half, die Flut meiner Recherchen zu bändigen.

Für vieles, persönliche Gespräche, Erinnerung und Gutachten, für die Bereitstellung von Bildern, Nachhilfe am „Kompueter" u. a. möchte ich folgenden Personen und Institutionen danken: Rolf Adam, Dr. Herbert Brauch, Horst Bulling, Reinhard Heinz, Friedhelm Hofmann, Julia Janik, Elsbeth Katz, Roswitha Klaiber, Richard Lauxmann, Karl Müller, Stefan Pols, Walter Rieker und seinem Foto-Archiv, Gerhard Schiller, Gertrud Schippert – den Archiven der Stadtkirche St. Mauritius, Feuerbach, der Stiftskirche Öhringen, dem Stuttgarter Hauptstaatsarchiv, dem Personalarchiv des Oberkirchenrats, dem Staatsarchiv Ludwigsburg, dem „Roigel"-Archiv in Tübingen.

Besonderer Dank für entgegenkommende Hilfe und Auskunft der Familie Kallee: Prof. Dr. med. Ekkehard Kallee, Tübingen-Ammerbuch, Waltraud und Werner Kallee, Bad Friedrichshall.

Der ermutigende Zuspruch von Herrn Pfarrer Timmo Hertneck, damals neu im Amt, half, mich vor dem Aufgeben zu bewahren. Es half vor allem die tatkräftige Initiative des Vorsitzenden des Gewerbe- und Handelsvereins, Hugo Kunzi, das Mitziehen des Bürgervereins unter Rolf Adam.

Die Drucklegung wurde durch freundliche Unterstützung des Bezirksbeirats Feuerbach und Herrn Bezirksvorstehers Helmut Wiedemann substantiell gefördert. Ihnen allen mein tiefempfundener Dank!

Herzlicher Dank sei, last not least, der vorbildlichen Betreuung durch den DRW-Verlag, seiner liebenswürdigen Lektorin Nicole Janke, sowie der einstigen bewährten Lektorin der Deutschen Verlagsanstalt, Margot Adrion, die wertvolle Arbeit der konstruktiven Durchsicht leistete.

ZUM AUTOR

Feuerbacher nicht nur von Geburt (1924), sondern fast schon aus Passion, ist der Autor Heinz Krämer. In Feuerbach aufgewachsen, Abitur (1942), Kriegsdienst als Leutnant, verwundet in Rußland und in den Ardennen.

Studium (1945): Englisch, Geschichte, Französisch und Philosophie in Tübingen, London, Paris und Los Angeles. Dr. phil. Tübingen (1951) „magna cum laude". Lehrer an seiner alten Schule, dem Leibniz-Gymnasium – Gründer der Schulzeitung „filia und filius" am Daimler-Gymnasium Bad Cannstatt, Vertrauenslehrer der Schüler. Daneben Dozentur an der Maryland University (Heidelberg Branch) für Deutsch und Europäische Geschichte.

1969 Berufung ins Staatsministerium Baden-Württemberg. Stv. Protokollchef und Leitender Ministerialrat bei den Ministerpräsidenten Filbinger und Späth.

Publikationen: „Die Villa Reitzenstein und ihre Herren, „Killesberg-Geschichten", „Schiller" im Leitfaden des Landtags von Baden-Württemberg, „Als Stuttgart badisch war" u. a.

Bildnachweis

Reinhold Blind: S. 81; Herbert Brauch: S. 67; Horst Bulling: S. 47; Museum Buoch: S. 19 beide; Evangelische Gesamtkirchengemeinde Feuerbach: S. 53; Antje Katharina Hieber: S. 1; Ekkehard Kallee, Tübingen: S. 56; Familie Werner Kallee, Bad Friedrichshall: S. 2, 42, 65, 87 links; Familie Hugo Kunzi: S. 57; Privat: S. 51, 85; Walter Rieker: S. 45, 50, 55, 61-63, 70, 74, 79; Roigel-Archiv, Roigelhaus Tübingen: S. 35; Gerhard Schiller: S. 21, 25; Gertrud Schippert: S. 58; Württembergische Landesbibliothek Stuttgart: S. 87 rechts.
Das Porträt auf der Buchrückseite wurde 1925 angefertigt von dem Feuerbacher Maler Otto Dieterle, damals schon ein gefragter Künstler – 1911 hatte gar der König drei seiner Porträts erworben. Er war vermutlich ein Konfirmand Kallees und nahm den Auftrag deshalb gerne an.